铁路基础设施检测技术丛书

铁路钢轨探伤技术

丛书编委会　编著

中国铁道出版社有限公司

2025年·北　京

内 容 简 介

本书为“铁路基础设施检测技术丛书”之分册。全书共分3章，主要内容有：钢轨伤损及维修基础知识，包括钢轨伤损分类、分级和维修；钢轨探伤车，包括钢轨探伤车结构及探伤原理，TKGT-Ⅰ型、SYS-1900型钢轨探伤作业系统和探伤系统标定；钢轨探伤作业，包括钢轨探伤车运行及安全、探伤作业系统检测和回放基本操作、典型钢轨伤损报警实例分析等内容。本书内容详实，深入浅出，实用性强，对铁路钢轨探伤及设备养护维修具有重要意义。

本书适合铁路工程领域钢轨探伤从业人员参考，也可供高等院校、高职院校铁路相关专业师生学习参考。

图书在版编目（CIP）数据

铁路钢轨探伤技术 / 丛书编委会编著. -- 北京 : 中国铁道出版社有限公司, 2025. 5. -- (铁路基础设施检测技术丛书). -- ISBN 978-7-113-31848-2

Ⅰ. U213.4

中国国家版本馆CIP数据核字第2024P2E476号

书　　名：铁路钢轨探伤技术

作　　者：丛书编委会

策　　划：刘　霞

责任编辑：胡娟娟　**编辑部电话：**（010）51873155　**电子邮箱：**lovelxia_2008@163.com

封面设计：高博越

责任校对：刘　畅

责任印制：赵星辰

出版发行：中国铁道出版社有限公司（100054，北京市西城区右安门西街8号）

网　　址：https://www.tdpress.com

印　　刷：北京联兴盛业印刷股份有限公司

版　　次：2025年5月第1版　2025年5月第1次印刷

开　　本：700 mm × 1 000 mm　1/16　**印张：**10.5　**字数：**130千

书　　号：ISBN 978-7-113-31848-2

定　　价：108.00元

铁路基础设施检测技术丛书

编委会

序

2024年是中华人民共和国成立75周年，是实现“十四五”规划目标任务的关键一年，也是铁路加快推进“六个现代化体系”建设的重要一年。中国国家铁路集团有限公司党组提出，要以全面深化改革创新为动力，以加快构建“六个现代化体系”为载体，奋力推动铁路高质量发展、率先实现铁路现代化取得新成效，勇当服务和支撑中国式现代化的“火车头”，为以中国式现代化全面推进强国建设、民族复兴伟业贡献铁路力量。贯彻落实加快构建“六个现代化体系”，对铁路基础设施检测保障运营安全的能力提出更高要求。

随着“八纵八横”高铁网逐步建成，高速铁路运营大修改造窗口期即将到来，“开展时速350公里线路等速检测，拓展普速铁路周期性综合检测范围，加大跨局检测组织力度，将高温、高寒时段加密检测纳入年度计划，提高动态检测覆盖率、均衡度”已成为加快构建现代化养护维修体系的有效举措之一。

到2035年我国铁路网规模将达20万公里左右，其中高铁7万公里，如何保障大规模路网的安全运营和科学经济的养护维修，也成为未来关注的重点。用机器替代人工，动态替代静态，智能替代经验，精准状态评价替代服役年限评价，是铁路基础设施检测工作未来发展的趋势。

目前我国已成功研制并应用高速综合检测列车、综合巡检车、专业检查车和运营列车在线检测等多种基础设施检测移动装备，为我国铁路运营前联动测试安全评估和运营后日常动态检测养护维修提供了重要手段。

“铁路基础设施检测技术丛书”涵盖铁路基础设施动态检测多个专业，深入浅出，内容翔实，有助于相关人员从多个维度、多个视角系统深入理解动态检测的技术要点，对确保高速列车运行的平稳安全和高速铁路养护维修的长远发展意义重大，社会效益显著。

2024年10月

前　言

在列车载荷的长期作用下，运营线路在役钢轨将产生各种类型的伤损。钢轨探伤是全面掌握钢轨内部伤损状态、指导养护维修、保障线路安全的重要手段。钢轨快速探伤大型装备主要是钢轨探伤车。本书介绍了钢轨探伤车相关的基本知识和技术方法，针对广大钢轨探伤车从业人员而编著。

本书共分3章。第1章介绍钢轨伤损及维修基础知识，包括钢轨伤损分类、分级和维修。第2章介绍钢轨探伤车，包括钢轨探伤车结构及探伤原理，TKGT-I型、SYS-1900型钢轨探伤作业系统和探伤系统标定。第3章介绍钢轨探伤作业，包括钢轨探伤车运行及安全、探伤作业系统检测和回放基本操作、典型钢轨伤损报警实例分析等。

本书由“铁路基础设施检测技术丛书”编委会组织编著。本书主要编著人员如下：张玉华（第1章），马运忠（第2章），李培（第3章）。参与编著的人员还有骆海波、黄筱妍、马建伟、钟艳春、陈东文、赵波。

由于编著者水平有限，书中难免错漏之处，恳请读者批评指正。

编著者

2024年6月

目　录

第 1 章　钢轨伤损及维修

第 2 章　钢轨探伤车

第 3 章 钢轨探伤作业

第1章 钢轨伤损及维修

1.1 钢轨伤损

钢轨伤损是指钢轨在使用过程中发生的折断、裂纹及其他影响和限制钢轨使用性能的各种状态。

钢轨折断是指发生下列情况之一者：钢轨全截面断裂；裂纹贯通整个轨头截面；裂纹贯通整个轨底截面，引起钢轨失效的严重掉块。

钢轨裂纹是指钢轨表面或内部的部分金属发生分离。

钢轨其他伤损是指除裂纹、折断以外，影响钢轨使用性能的磨耗、压溃、压陷（或凹陷）、波浪磨耗、弯曲变形、表面缺陷、外伤、腐蚀等伤损。

按不同的应用场景钢轨伤损的分类也不同，TB/T 1778—2010《钢轨伤损分类》规定了铁路钢轨伤损的分类、编号、伤损描述、伤损原因、检测方法及应采取的措施。该标准主要从钢轨伤损现场维修的角度进行分类。本书主要从钢轨伤损检测的角度进行分类，目前钢轨伤损动态检测主要采用超声波原理进行检测，可对在役钢轨超声波声束覆盖范围内的伤损进行检测，从超声波检测及便于伤损复核的角度，将钢轨伤损分为轨头横向裂纹、轨头轨腰纵向水平裂纹、螺孔裂纹、闪光焊/气压焊接头轨头和轨腰疲劳裂纹、轨底裂纹。

1.1.1 轨头横向裂纹

轨头横向裂纹又称为轨头核伤。轨头核伤是由于钢轨冶炼和轧制过程中材质不良或使用过程中产生缺陷，在列车载荷重复作用下形成应力集中，疲劳源不断扩展，逐渐发展而形成。轨头核伤的超声波伤损报警通常依据核伤在轨头中的位置进行分类，分为轨头内侧核伤、轨头中心核伤、轨头外侧核伤，以及内侧、中心、外侧组合伤损。轨头横向裂纹主要产生的部位在钢轨头部内侧，随着核伤直径增加，钢轨承载能力急剧下降，进而发生钢轨折断，是钢轨伤损中危害最大的伤损种类之一。

轨头核伤疲劳源一般位于距踏面8～12 mm，距内侧5～10 mm处。也有从焊缝或擦伤处产生的位于轨头中部的核伤，在一些复用轨上，甚至还出现了轨头外侧核伤。核伤方向与轨头侧面近乎垂直，与踏面多呈10°～25°夹角（单行线）或近乎垂直（复行线上）。核伤在未发展到外表面时肉眼不可见，伤损表面未接触空气，颜色为白色，故称“白核”（图1-1）。若伤损已扩展到钢轨外表面时，因伤损表面被空气氧化变为黑色，称“黑核”（图1-2）。

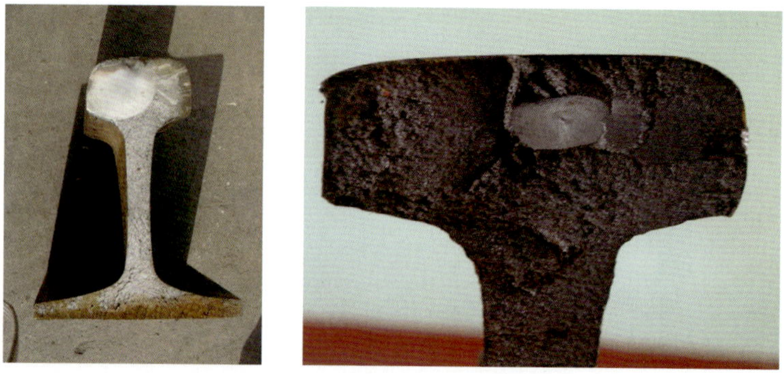

图 1-1　钢轨核伤之“白核”

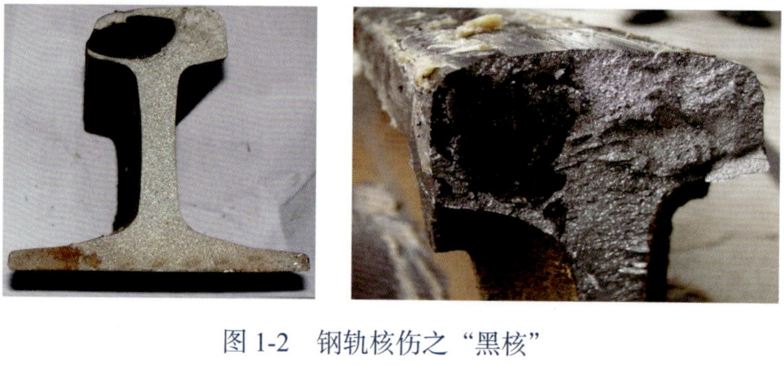

图 1-2　钢轨核伤之“黑核”

1.1.2 轨头轨腰纵向水平裂纹

轨头轨腰纵向水平裂纹是指位于轨头或者轨腰区域的沿钢轨纵向水平状的裂纹，一般位于轨腰近中轴处（图1-3），部分发生在轨头下颚处。

图 1-3 轨腰水平裂纹

水平裂纹的产生多是由于钢轨在冶炼时产生的严重偏析及非金属夹杂物，在轧制过程中沿轧制方向延展而成的。钢轨在运营过程中所受到的偏心载荷、水平力、弯曲应力的复合作用也加速了水平裂纹源的形成和扩展。

1.1.3 螺孔裂纹

钢轨接头是线路上最薄弱的环节，车轮作用在钢轨接头上的最大惯性冲击力比其他部位大60%左右，钢轨接头的主要伤损是螺孔裂纹（图1-4）。

螺孔裂纹是从螺孔周边开裂发展而成的疲劳缺陷，螺孔周边的机械损伤、锈蚀等，均可成为螺孔裂纹的疲劳核心。螺孔裂纹与水平线的夹角一般分布在0°～37°的范围内。螺孔裂纹是较常见的危险性缺陷，尤其是第一孔的裂纹更是危险，严重时可导致轨端揭盖，带来十分严重的破坏性后果。

图 1-4　螺孔裂纹

1.1.4　闪光焊/气压焊接头轨头和轨腰疲劳裂纹

钢轨焊接主要有闪光焊、气压焊和铝热焊三种，相应地存在闪光焊、气压焊和铝热焊的焊缝。在焊接过程中，由于焊接方法、工艺和材料等诸多因素的影响，焊缝中经常出现危害性缺陷。在使用过程中，焊缝中也会产生疲劳裂纹（图1-5）。这些缺陷如不及时检出，可能造成钢轨折断，以致酿成重大交通事故。

图 1-5　闪光焊 / 气压焊接头轨头和轨腰疲劳裂纹

钢轨探伤车的焊缝探伤主要指闪光焊/气压焊接头的探伤，包括焊缝两边的热影响区探伤。热影响区的机械性能及其均匀性与钢轨母材相比已发生变化，一些微小缺陷甚至没有明显缺陷就可能造成钢轨的折断，因而热影响区也是钢轨焊缝探伤的重要区域。

1.1.5　轨底裂纹

轨底裂纹的表现形式有三种，轨底坑洼（或划痕）发展形成的轨底横向裂纹，轨腰纵向裂向下发展形成的轨底裂纹，焊接工艺不良造成的轨底横向裂纹。在轨底热影响区极容易产生轨底横向裂纹。

钢轨探伤车的轨底探伤主要是指轨底的轨腰投影区处横向裂纹探伤（图1-6）。

图 1-6　轨底横向裂纹

1.2　钢轨伤损分级

1.2.1　按严重程度分级

钢轨伤损按严重程度可分为轻伤、重伤和折断三类。普速铁路、高速铁路钢轨的轻伤和重伤标准见表1-1和表1-2，钢轨头部磨耗轻伤和重伤标准见表1-3和表1-4。

表 1-1　普速铁路钢轨轻伤和重伤标准

伤损项目	伤损程度						备　注
	轻　伤			重　伤			
	v_{max} ＞ 160 km/h	160 km/h ≥ v_{max} ＞ 120 km/h	v_{max} ≤ 120 km/h	v_{max} ＞ 160 km/h	160 km/h ≥ v_{max} ＞ 120 km/h	v_{max} ≤ 120 km/h	
轨端或轨顶面剥落掉块	长度超过 15 mm 且深度超过 3 mm	长度超过 15 mm 且深度超过 3 mm	长度超过 15 mm 且深度超过 4 mm	长度超过 25 mm 且深度超过 3 mm	长度超过 25 mm 且深度超过 3 mm	长度超过 30 mm 且深度超过8 mm	
钢轨顶面擦伤	深度超过 0.5 mm	深度超过 0.5 mm	深度超过 1 mm	深度超过 1 mm	深度超过 1 mm	深度超过 2 mm	
钢轨表面裂纹	—	—	—	有	有	有	包括螺孔裂纹、轨头下颚水平裂纹（透锈）、轨腰水平裂纹、轨头纵向裂纹、轨底裂纹等（不含轮轨接触疲劳引起轨顶面表面或近表面的鱼鳞裂纹)
钢轨内部裂纹	—	—	—	有	有	有	包括核伤（黑核、白核）、钢轨纵向裂纹等
钢轨变形	—	—	—	有	有	有	轨头扩大、轨腰扭曲或鼓包等，经判断确认内部有暗裂

表 1-2　高速铁路钢轨轻伤和重伤标准

伤损项目	伤损程度		备　注
	轻　伤	重　伤	
钢轨头部磨耗	磨耗量超过表1-3所列限度之一者	磨耗量超过表1-4所列限度之一者	

续表

伤损项目	伤损程度		备注
	轻伤	重伤	
钢轨擦伤、剥离掉块	0.3 mm＜深度≤1 mm	深度＞1 mm	
波磨	—	波长不大于300 mm时，平均谷深大于0.08 mm；波长大于300 mm时，谷深大于或等于0.2 mm	
焊接接头低塌	0.2 mm＜低塌≤0.4 mm	低塌＞0.4 mm	1 m直尺或钢轨平直度测量仪测量矢度
钢轨表面裂纹	—	轨头下颚水平裂纹（透锈）、轨腰水平裂纹、轨头纵向裂纹、轨底裂纹等	不含轮轨滚动接触疲劳引起轨顶面表面或近表面的鱼鳞裂纹
钢轨锈蚀	—	经除锈后，轨底厚度不足8 mm或轨腰厚度不足12 mm	

表 1-3 高速铁路钢轨头部磨耗轻伤标准

名称		总磨耗 /mm	垂直磨耗 /mm	侧面磨耗 /mm
钢轨		9	8	10
基本轨、翼轨、导轨		7	5	6
尖轨、心轨、叉跟尖轨	轨头宽度10 mm断面	—	—	2.5
	轨头宽度15 mm及以上断面	6	4	6

注：①总磨耗 = 垂直磨耗 +1/2 侧面磨耗。

②钢轨及道岔导轨、基本轨、翼轨、尖轨、心轨、叉跟尖轨全断面区段，垂直磨耗在钢轨顶面宽 1/3 处（距标准工作边）测量；尖轨、心轨、叉跟尖轨机加工区段，垂直磨耗在轨头最高点测量；翼轨、对应心轨实际尖端至翼轨光带末端范围内垂直磨耗在光带中心处测量。

③侧面磨耗在钢轨踏面（按标准断面）下 16 mm 处测量。

④磨耗影响转换设备安装时，按重伤处理。

表 1-4　高速铁路钢轨头部磨耗重伤标准

<table>
<tr><th colspan="2">名　称</th><th>垂直磨耗 /mm</th><th>侧面磨耗 /mm</th></tr>
<tr><td colspan="2">钢轨</td><td>10</td><td>12</td></tr>
<tr><td colspan="2">基本轨、翼轨、导轨</td><td>8</td><td>10</td></tr>
<tr><td rowspan="2">尖轨、心轨、叉跟尖轨</td><td>轨头宽度100 mm断面</td><td>—</td><td>3.5</td></tr>
<tr><td>轨头宽度15 mm及上断面</td><td>6</td><td>8</td></tr>
</table>

1.2.2　钢轨探伤车伤损报警分级

钢轨探伤车采用超声波检测原理，将钢轨伤损报警分为三级。一级伤损报警，即B型图未形成明显的伤损形态走势；二级伤损报警，即B型图形成较为明显的伤损走势；三级伤损报警，即B型图显示为严重伤损。

探伤车B型图显示出现以下情况，按照钢轨折断处理：

（1）贯穿轨头截面或轨腰的裂纹；

（2）螺孔裂纹发展至轨头、轨底、轨端或双向总长度大于50 mm；

（3）轨腰水平裂纹或轨腰斜裂纹长度大于100 mm；

（4）钢轨全截面断裂。

1.3　钢轨伤损处理

1.3.1　钢轨轻伤处理

钢轨发生剥离掉块、波磨深度或肥边宽度超过0.3 mm等伤损时，应进行修理性打磨（或铣磨）。钢轨修理性打磨方案应根据波磨、鱼鳞裂纹等表面伤损程度及轮轨接触情况确定，打磨后应保证伤损得到消除。

1.3.2　钢轨重伤处理

发现钢轨重伤时，应立即进行处理。

钢轨核伤和焊缝重伤可加固处理，并在适宜温度及时进行永久处理；在实施永久处理前应加强检查，发现伤损发展时，应按照钢轨折断及时进行紧急处理、临时处理或永久处理。

裂纹和可能引起轨头揭盖的重伤，应按照钢轨折断进行紧急处理、临时处理或永久处理。

其他重伤可采取修理或焊复方法处理，处理前可根据现场实际情况采取限速措施。

1.3.3 钢轨折断处理

发现钢轨折断的处理，按《普速铁路工务安全规则》执行。具体处理方式如下。

线路钢轨（焊缝）折断时，应按规定设置防护并封锁线路，进行断轨处理。

紧急处理：当钢轨断缝不大于50 mm时，应立即进行紧急处理。在断缝处上好夹板或臌包夹板，用急救器固定，在断缝前后各50 m拧紧扣件，并派人看守，放行列车速度不超过15 km/h。如断缝小于30 mm时，放行列车速度不得超过25 km/h。有条件时应及时在原位焊复，否则应在轨端钻孔，上好夹板或臌包夹板，拧紧接头螺栓，然后可适当提高行车速度。

临时处理：钢轨折损严重或断缝大于50 mm，以及紧急处理后，不能立即焊接修复时，应封锁线路，切除伤损部分，两锯口间插入长度不短于6 m的同型钢轨，轨端钻孔，上接头夹板，用10.9级螺栓拧紧。在短轨前后各50 m范围内，拧紧扣件后，按正常速度放行列车，但不得大于160 km/h。

临时处理或紧急处理时，应先在断缝两侧轨头非工作边做出标记，标记间距离不小于8 m，并准确丈量两标记间的距离和轨头非工作边一侧的断缝值，做好记录。

永久处理：对紧急处理或临时处理的处所，应在条件适宜时及时插入长度不短于7 m的同型钢轨进行焊复，恢复无缝线路轨道结构。

在线路上焊接时气温不得低于0 ℃，否则应采取相应保温措施；放行列车时，焊缝温度应低于300 ℃。

1.3.4 钢轨大修

钢轨大修周期（直线或曲线半径2 000 m及以上）原则上应按照表1-5规定的线路累计通过总质量确定。

表 1-5 线路设备大修周期

轨道条件			周期（通过总质量 /Mt）	
轨型	轨枕	道床	钢轨	道岔、道床大修
75 kg/m无缝线路	混凝土枕	碎石	1 500	900
75 kg/m普通线路	混凝土枕	碎石	700	700
60 kg/m无缝线路	混凝土枕	碎石	1 000	700
60 kg/m普通线路	混凝土枕或木枕	碎石	600	600
50 kg/m无缝线路	混凝土枕或木枕	碎石	550	550
50 kg/m普通线路	混凝土枕或木枕	碎石	450	450
43 kg/m及以下钢轨普通线路	混凝土枕或木枕	碎石	250	250

累计通过总质量虽未达到规定大修周期的成段钢轨，但60 kg/m及以下钢轨每千米重伤数量达到2～4处（含焊接和胶接绝缘接头伤损）、75 kg/m钢轨每千米重伤数量达到4～6处（不含焊接和胶接绝缘接头伤损），应及时更换钢轨。对出现严重锈蚀、严重滚动接触疲劳以及其他影响钢轨安全使用的情况时，应及时更换钢轨。

曲线半径2 000 m以下地段，钢轨应在侧面磨耗达到重伤前及时换轨，更换周期见表1-6。

表 1-6 曲线钢轨更换周期

曲线半径 /m	周期（通过总质量 /Mt）	轨道结构	备注
R≤400	100～200	60 kg/m钢轨、无缝线路、混凝土枕	其他轨道结构根据实际条件进行调整
400＜R≤800	200～400		
800＜R≤1 200	400～700		
1 200＜R≤2 000	700～1 000		
2 000＜R或直线	1 000		

第2章 钢轨探伤车

2.1 钢轨探伤车结构及探伤原理

2.1.1 钢轨探伤车车辆参数

钢轨探伤车按照最高检测速度分为GTC-40型、GTC-60型和GTC-80型，其中GTC-80型钢轨探伤车依据主机厂商不同分为GTC-80J和GTC-80X型。钢轨探伤车用于探测线路钢轨内部各种伤损，该车利用先进的探伤仪器设备和微机处理系统对钢轨伤损的类型、位置、程度进行自动检测、分析、显示、记录和打印。该车具有独立行走功能，并可与国内准轨车辆连挂，是铁路线路维护与检测部门的重要设备。

以GTC-60型钢轨探伤车为例进行说明，该型钢轨探伤车由两节车组成，分别是检测车和动力车。检测车布局如图2-1所示，动力车布局如图2-2所示。

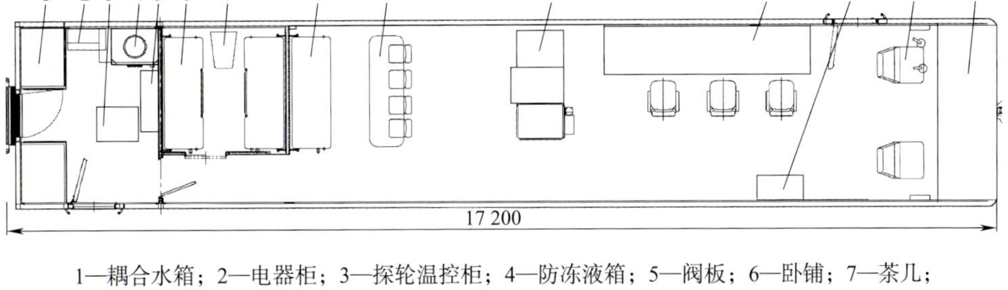

1—耦合水箱；2—电器柜；3—探轮温控柜；4—防冻液箱；5—阀板；6—卧铺；7—茶几；8—沙发；9—桌子；10—系统柜；11—操作台；12—PLC柜；13—司机座椅；14—司机台。

图 2-1 钢轨探伤车检测车布局（单位：mm）

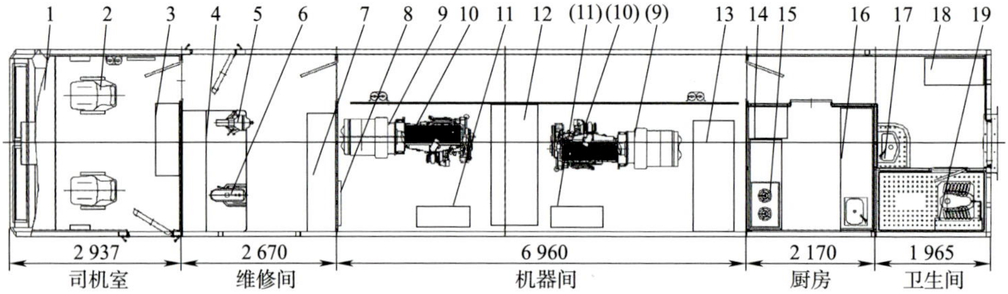

1—司机台；2—座椅；3—电器柜；4—钳工台；5—台钳；6—台钻；7—备件柜；8—制动面板；9—变扭器；10—发动机；11—发动机散热水箱；12—液压油箱；13—发电机组；14—冰箱；15—电磁灶；16—厨房操作台；17—洗手池；18—储物柜；19—淋浴器。

图 2-2　钢轨探伤车动力车布局（单位：mm）

整车参数如下：

功率：2 × 400 HP（298 kW）;

传动方式：液力传动；

轨距：1 435 mm；

轴列式：B-B；

走行部型式：转臂式二轴转向架；

定距：10 500 mm；

牵引车转向架轴距：2 300 mm；

检测车转向架轴距：2 500 mm；

整备重量：约95 t；

车轮直径：ϕ915 mm；

通过最小曲线半径：140 m；

自行速度：120 km/h；

制动方式：压缩空气制动；

车组全长：约35 m；

车钩中心距轨面高度：880 mm±10 mm；

排障器距轨面高度：110 mm±10 mm；

柴油箱容积：约3 000 L；

限界：符合GB 146.1—2020《标准轨距铁路限界　第1部分：机车车辆限界》所规定的机车车辆限界。

2.1.2 超声波基本知识

超声波是频率大于20 kHz的机械波，质点的振动能够传递给周围的质点而引起周围质点的振动，从而实现超声波在介质中的传播。在超声波检测中，最常使用的频率范围为0.5～10 MHz。

超声波产生首先要有一个做机械振动的质点作为波源，其次要有传播振动的弹性介质。由于声源在介质中振动的方向与波在介质中传播的方向可以相同也可以不同，这就产生了不同类型的声波，主要有纵波、横波、瑞利波、板波等。钢轨伤损超声波检测主要使用纵波和横波。

（1）纵波

质点的振动方向与波的传播方向是相一致的，这种波称为纵波。纵波在介质中传播时会产生质点的稠密部分和稀疏部分，也被称为疏密波。纵波可在固体、液体和气体中存在。

（2）横波

质点的振动方向与波的传播方向是相垂直的，这种波称为横波。横波在介质中传播时介质会相应地产生交变的剪切形变，也被称为剪切波或切变波。由于液体和气体中缺乏恢复横向运动的弹性力，所以横波仅在固体中存在。

2.1.3 超声波传播特性

由于超声波是一种机械波，因此超声波具有机械波所有的传播特性，如波的叠加、干涉、驻波、反射、折射、散射、衍射、波形转换等。钢轨伤损超声波检测主要利用了波的反射、折射和波形转换特性。当超声波由一种介质入射到另一种介质的界面上时，如果两种介质的声速不同，根据入射角度的不同，会在界面上产生反射、折射和波形转换现象。

（1）反射与折射

超声波由第一介质以纵波（或横波）形式以某一角度入射到第二介质表面时，入射的超声波一部分将会反射回第一介质，产生反射纵波（或横波）。入射超声波的另一部分则会进入第二介质，产生折射纵波和折射横波。超声波的入射角与反射角、折射角遵循斯涅尔（Snell）定律（式2-1），式中α、β、γ分别为入射角、反射角和折射角，C_1、C_2、C_3为介质中的横波声速或纵波声速。

$$\frac{\sin\alpha}{C_1}=\frac{\sin\beta}{C_2}=\frac{\sin\gamma}{C_3} \tag{2-1}$$

（2）第一临界角

如果入射波为纵波，且两种介质中的纵波声速$C_{纵波2}>C_{纵波1}$，那么随着入射角α的增大，折射角β也随之增大，当折射角β=90°时，第二介质中只有折射横波存在，此时入射角α称为第一临界角。钢轨伤损超声波检测利用超声波探头产生纵波，入射角大于第一临界角，在钢轨内产生横波。

2.1.4　超声波检测原理

超声波探伤作业系统采用脉冲反射式检测原理。超声波探头由压电晶片、阻尼块、外壳等组成，可实现电能和声能的相互转换。当超声波探头受到高电压脉冲激励后，压电晶片会按照自身固有的振动频率振动发出超声波。超声波以纵波形式在探轮液中传播，遇到钢轨界面时发生反射和折射，一部分超声波进入到钢轨后发生波形转换，以横波形式继续传播。若钢轨中存在缺陷或空洞，存在钢材与缺陷缝隙的界面，超声波会沿原路径反射回超声波探头，被压电晶片转换为电信号，超声波探伤作业系统据此回波的时刻得知钢轨伤损的深度。

以超声波传播时间与幅值表示的波形称为A显波形（图2-3），一幅A显波形仅能表示一次超声波发射周期内的信号。由于在高速探伤时，超声波探伤作业系统以最高4 kHz的重复频率向钢轨连续发射超声波，A显波形的方式不利于观察伤损回波，因此探伤系统将A显波形中的伤损回波进行二值化提取，转换为以钢轨深度与水平位置表示的数据点，多个超声波发射周期的数据点即组成B显图形（图2-4）。超声波探伤作业系统以B显图形作为检测数据的呈现方式，通过分析符合一定排列规律的B显图形，可判定B显图形为钢轨伤损。

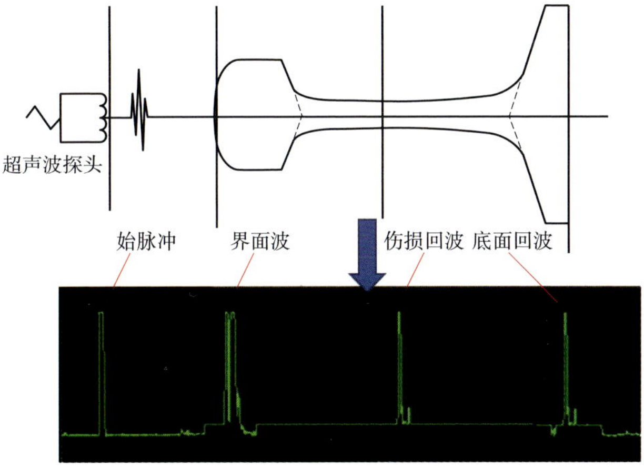

图 2-3　超声波 A 显波形

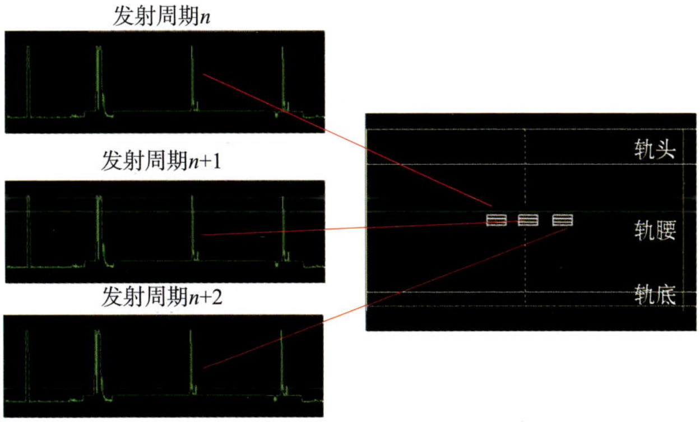

图 2-4　超声波 B 显图形

2.1.5 超声波探头设置

超声波探伤作业系统的传感器采用轮式探头。轮式探头内安装有多个不同角度的超声波探头，内部充满一定压力的探轮液，外部包裹柔性的外膜，以一定压力压在钢轨踏面上，高速探伤时轮式探头在钢轨上连续滚动（图2-5）。

图 2-5 轮式探头示意

超声波探头的角度通常以超声波在钢轨内的折射角度表示。超声波探伤作业系统的超声波探头角度为：0°、37°、直70°和斜70°，其中0°探头的超声波在钢轨内为纵波，频率为3.5 MHz，其他角度探头的超声波在钢轨内为横波，频率为2.25 MHz。多个不同角度的超声波探头组合安装在轮式探头内，从而对钢轨不同部位和角度的伤损进行检测。超声波探伤作业系统在单侧钢轨上布置了13个超声波探头：3个0°探头、2个37°探头（前后向）、6个直70°通道（前后向，分别覆盖钢轨轨头的外侧、中心和内侧）、2个斜70°探头（前后向，覆盖钢轨轨头内侧），如图2-6所示。

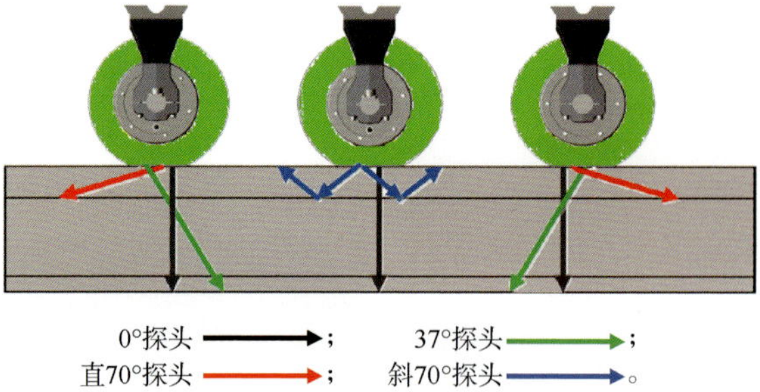

图 2-6 单侧钢轨超声波通道布置

（1）0°换能器探头检测

0°探头主要检测轨头至轨底的水平裂纹。另外，0°探头超声波被钢轨轨底反射的回波信号常作为轮式探头与钢轨对齐的依据。0°探头的超声波声束在钢轨内的覆盖范围及典型钢轨伤损如图2-7所示。

图 2-7 0° 探头声束覆盖范围及螺孔水平裂纹伤损

（2）37° 探头检测

37° 探头主要用于对螺孔裂纹、焊接接头和轨腰条状夹杂以及特殊取向的横向裂纹检测。37° 探头的超声波声束在钢轨内的覆盖范围及典型钢轨伤损如图2-8所示。

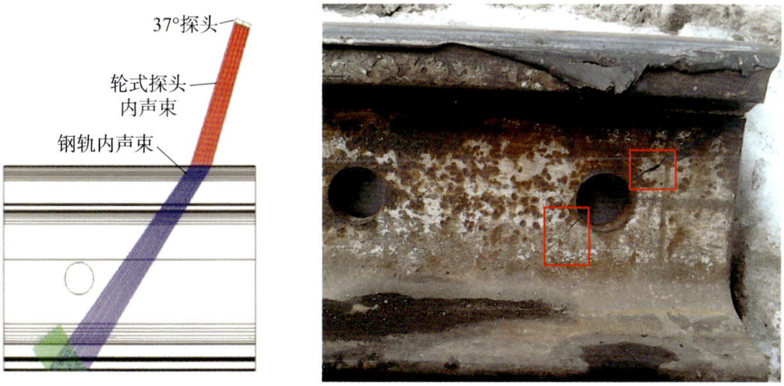

图 2-8 37° 探头声束覆盖范围及螺斜孔裂纹

（3）直70° 探头检测

1个直70° 探头内部有3个独立的压电晶片，探头沿钢轨轨头横向放置，声束方向与钢轨纵向方向相同，3个压电晶片的超声波声束分别覆盖钢轨轨头的外侧、中心和内侧。由于3个压电晶片相互独立，通常将3个压电晶片称为外侧70° 探头、中心70° 探头和内侧70° 探头，主要检测轨头横向裂纹。直70° 探头的超声波声束在钢轨内的覆盖范围及典型钢轨伤损如图2-9所示。

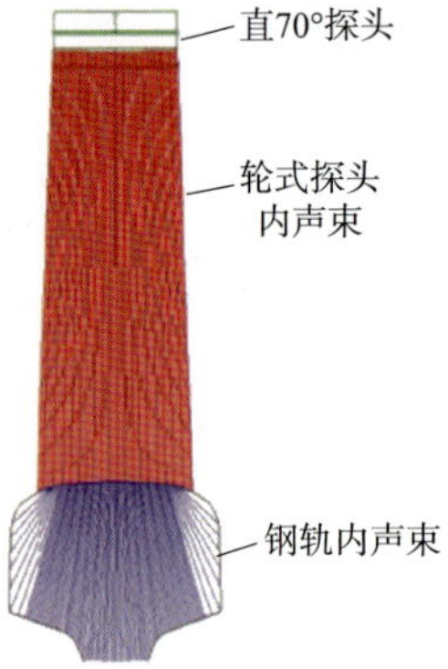

图 2-9　直 70° 探头声束覆盖范围及轨头横向裂纹

（4）斜70° 探头检测

斜70° 探头超声波在钢轨内的折射角度与直70° 探头相同，不同的是斜70° 探头超声波声束与钢轨纵向有一定的偏斜角度（约15° ～20° ）。相比于内侧直70° 探头超声波易受轨头内侧表面鱼鳞纹影响，斜70° 探头超声波从钢轨踏面中心入射到钢轨内部，在轨颚处反射后继续对轨头内侧区域进行探伤，对轨面鱼鳞伤下的核伤有较好的检测效果。斜70° 探头的超声波声束在钢轨内的覆盖范围及典型钢轨伤损如图2-10所示。

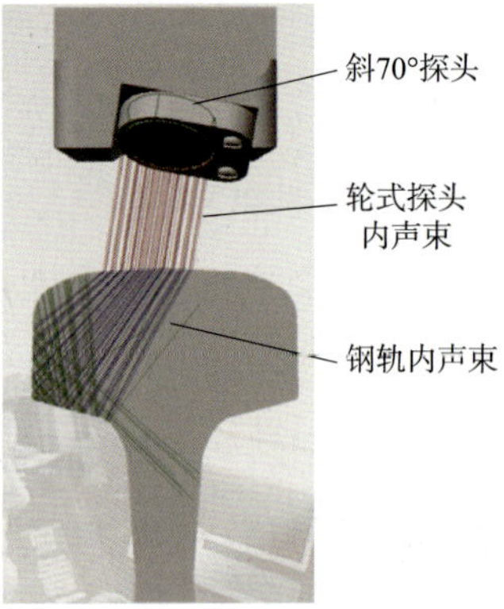

图 2-10　斜 70° 探头声束覆盖范围及轨头内侧横向裂纹

2.2　TKGT-Ⅰ型钢轨探伤作业系统

TKGT-Ⅰ型钢轨探伤作业系统采用超声波探伤原理，安装在铁路轨道车辆上进行在役钢轨的动态检测，最高检测速度为80 km/h。该系统是铁科院集团公司研制的具有完全自主知识产权的产品。

2.2.1　功能与技术指标

TKGT-Ⅰ型钢轨探伤作业系统采用轮式探头（简称探轮）在钢轨上连续滚动的方式进行探伤，具有数字式A显和彩色B显图形显示功能，能够实时智能识别钢轨伤损，自动出具伤损报告。机械部分采用转向架安装方式的探轮支承机构，可安全通过各种铺设方式的钢轨和道岔区，采用二维激光自动对中系统可实时保持探轮与钢轨的相对位置，适用于43～75 kg/m钢轨缺陷高速检测。

TKGT-Ⅰ型钢轨探伤作业系统具有同时探测轨头、轨腰及其延伸部位裂纹的能力，包括横向裂纹、纵裂、斜裂、平裂和螺孔裂纹等，轨面入射的超声波束无法射及的部位除外。该系统的伤损探测精度及在标定线的平均人工伤损检出率、平均伤损误报率见表2-1。

表 2-1　钢轨探伤作业系统探伤灵敏度

伤损类型	伤损当量尺寸	检测能力
钢轨头部任意位置横向裂纹	直径ϕ5 mm横孔	平均人工伤损检出率≥85% 平均伤损误报率≤15%
钢轨头部及轨腰纵向水平裂纹	直径ϕ6 mm平底孔	
螺栓孔裂纹	裂纹长度8 mm	
焊接接头内部伤损	直径ϕ5 mm横孔	
轨底横向裂纹	R5H4月牙槽	

钢轨探伤作业系统可对探伤检测数据进行记录和分析，主要功能包括：

伤损报警和分类、伤损里程位置判别、伤损钢轨部位判别、历史检测数据对比、生成探伤报告。

TKGT-Ⅰ型钢轨探伤作业系统的主要技术指标见表2-2。

表 2-2　TKGT-Ⅰ型钢轨探伤作业系统的主要技术指标

参　数	技术指标
探伤作业最高速度	80 km/h
超声波通道数	32
单次持续检测	≥5 h或≥400 km
超声扫查间隔	≤6 mm
检测数据存储能力	≥100 000 km
通道增益调节范围	80 dB
通道时间参数最小调节量	0.25 μs
探轮尺寸	229 mm（9英寸）
探轮数量	3个/钢轨
探轮提升后距轨面高度	≥60 mm
超声波换能器频率	横波2.25 MHz、纵波3.5 MHz
激光自动对中最大偏差量	≤5 mm
激光自动对中水平伺服范围	±20 mm
工作温度	-20～+50 ℃
海拔高度	≤2 500 m
相对湿度	≤95%（月平均最低气温25 ℃）
电源类型	AC 380 V三相五线制
用电功率	≤34 kW

2.2.2　系统组成

TKGT-Ⅰ型钢轨探伤作业系统（图2-11）主要由9个子系统组成：超声探伤子系统、激光自动对中子系统、里程定位子系统、探轮支承机构、耦合水子系统、探轮升降控制子系统、探轮温控子系统、管路防冻子系统、视频监控子系统。

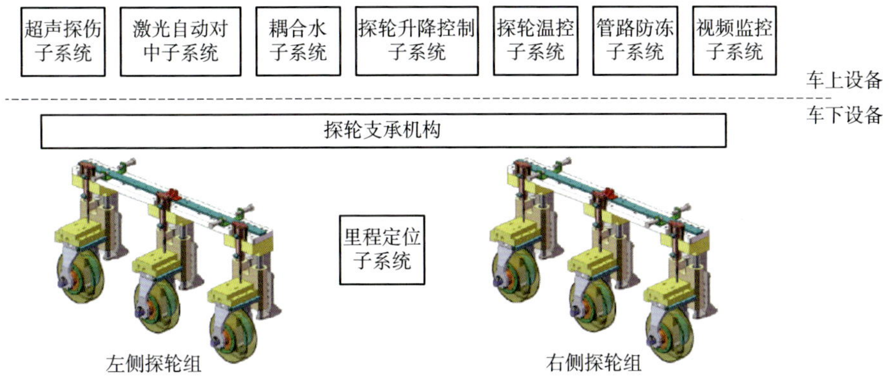

图 2-11 钢轨探伤作业系统结构

（1）超声波探伤

超声探伤子系统主要完成超声波的发射、接收和数据处理，并为操作员提供参数控制和检测结果显示等功能。超声探伤子系统结构如图2-12所示。

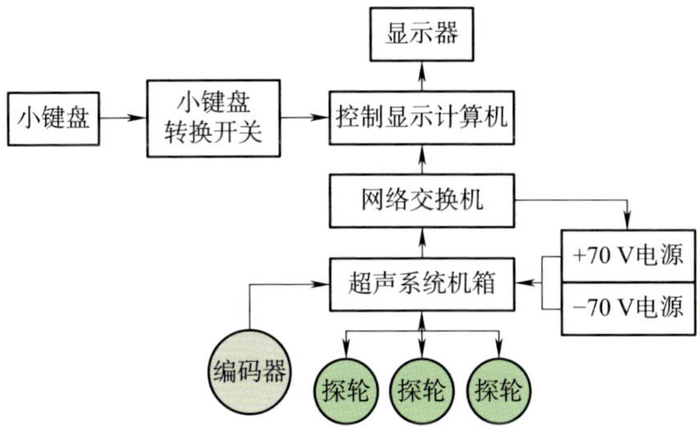

图 2-12 超声探伤子系统结构

超声波信号经过模拟信号处理和数字信号处理，经过声程测量模块转换为伤损的位置信息，超声波信号处理流程如图2-13所示。声程测量模块通过FPGA软件实现。

由于各个超声波探头物理位置不同，其所检测到的超声回波处于钢轨的不同位置。对于钢轨上某一特定的缺陷，各个超声波通道不是在同一次发射过程中探测到的。因此，需要将各个超声波通道经声程测量模块得到的伤损位置信息进行拼合，即伤损的空间重定位。伤损空间重定位模块功能如图2-14所示。

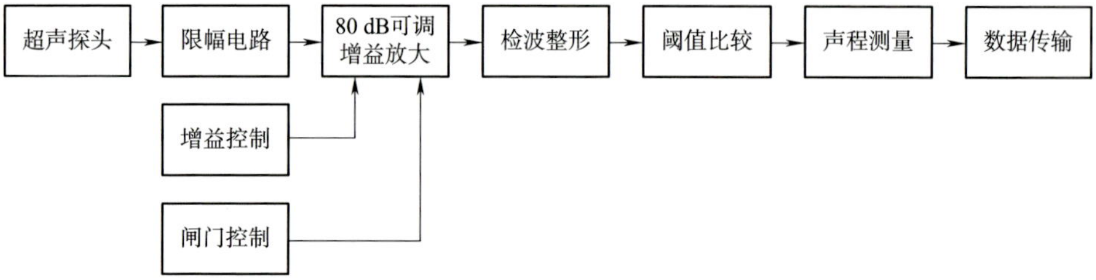

图 2-13　超声波信号处理流程

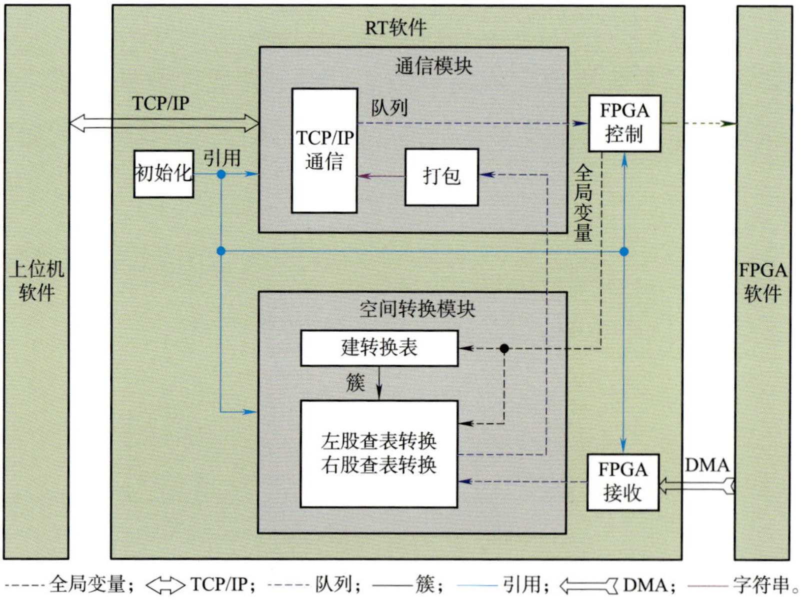

图 2-14　伤损空间重定位功能

空间转换模块通过通信模块与上位机软件进行通信。系统采用分层总线结构，如图2-15所示。各超声波通道的声程测量模块输出数据量大，实时性要求最高，采用直接内存存取（direct memory access，DMA）传输技术。

空间重定位模块与声程测量模块间的通道控制参数涉及同步、增益控制等，采用PXI总线进行传输。空间重定位模块与上位机控制单元间数据传输采用TCP/IP协议。

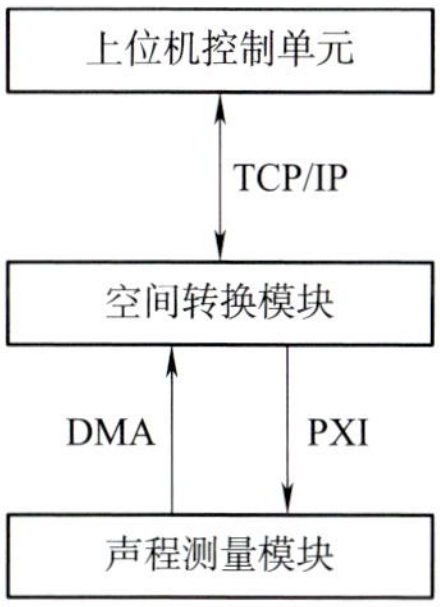

图 2-15　总线数据传输

超声探伤子系统上位机采用工业控制计算机，安装自主研发的上位机软件，使用显示器作为人机交互界面，分别显示闸门参数控制（图2-16）、数字A显图形（图2-17）、B显图形（图2-18）。

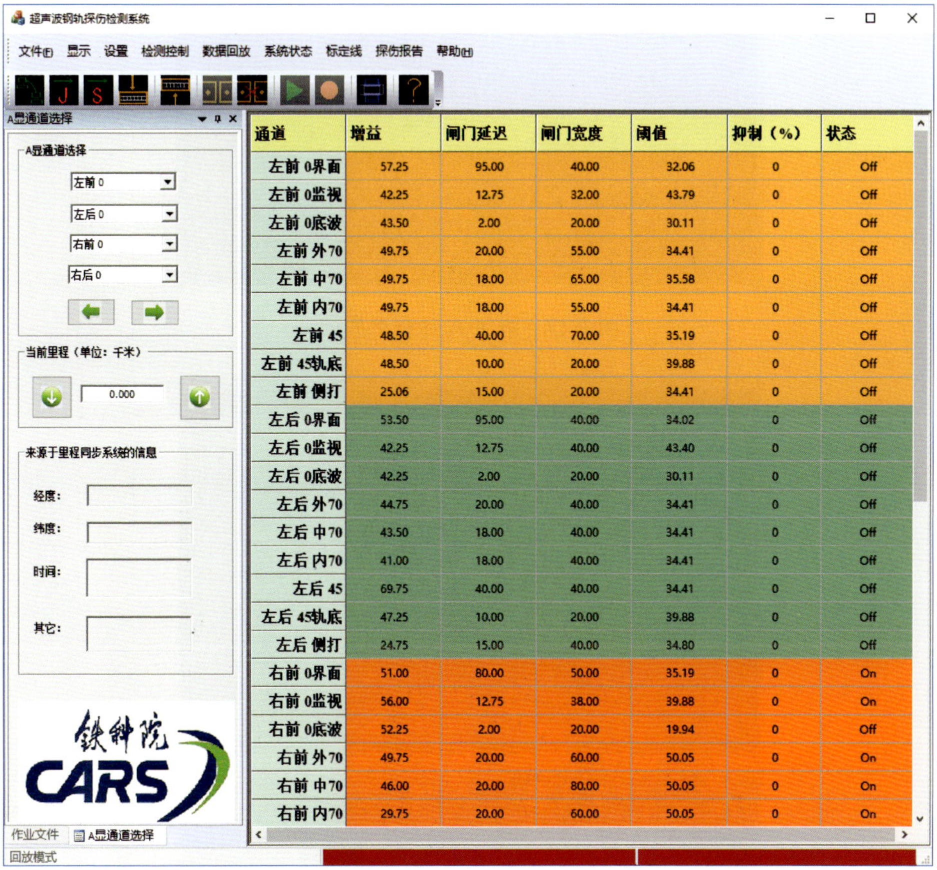

图 2-16　闸门参数控制界面

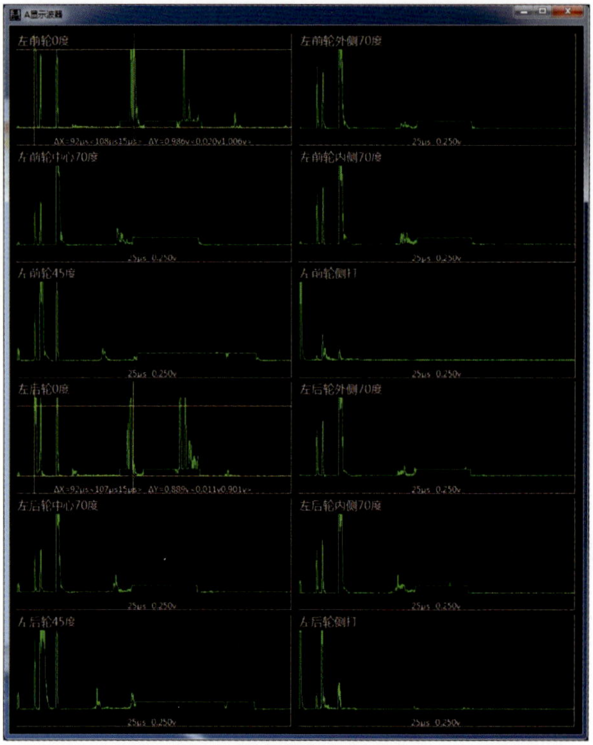

图 2-17　数字 A 显图形界面

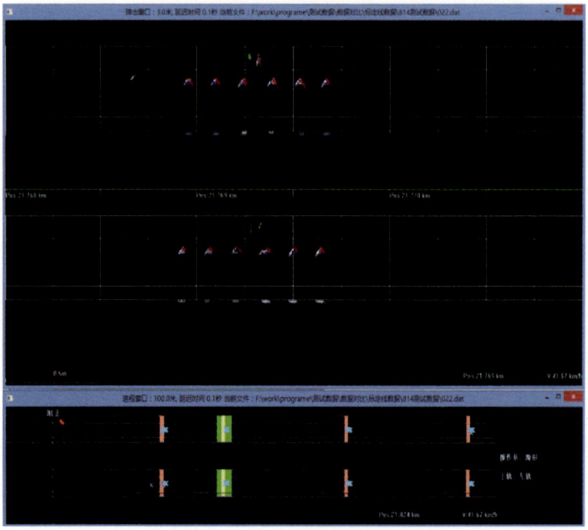

图 2-18　B 显图形界面

（2）激光自动对中

钢轨探伤作业系统是根据钢轨伤损反射的超声回波来检测钢轨伤损的，超声波探头进行钢轨探伤时，必须使0°超声波探头对准钢轨轨腰几何中心线，如图2-19（a）所示。如果钢轨没有伤损，超声波探头可以接收到比较强的轨底回波（底波）信号，如果钢轨有伤损超声波探头就会收到伤损回波信号，从而检测出钢轨的伤损。当超声波探头偏离钢轨几何中心线时，如图2-19（b）所示，正常的底波信号强度就会减弱甚至消失，因而就很难甚至不能检测出钢轨伤损。

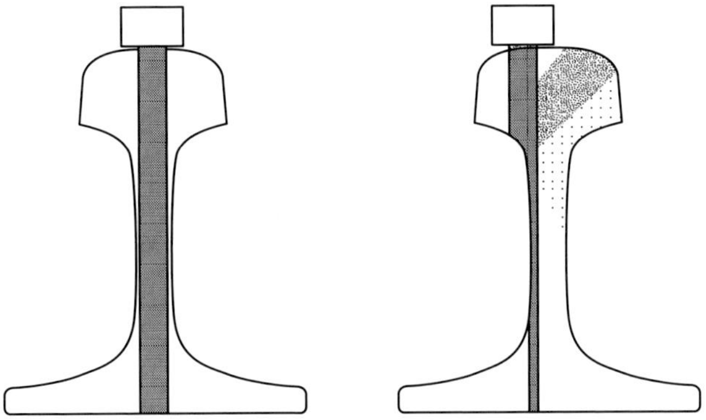

(a) 超声波探头与轨腰中心线对齐　　(b) 超声波探头与轨腰中心线不对齐

图 2-19　0° 超声波探头与钢轨截面几何中心线相对位置关系

由于线路不平顺及车辆轮对的蛇行运动，钢轨探伤车在线路上行进时不可避免地要有横摆、摇头运动，车体的这种横向运动使超声探头难以对准钢轨，必须采用伺服机构对其加以控制。

TKGT-Ⅰ型探伤作业系统采用激光自动对中子系统控制探轮与钢轨几何中心线相对位置，其总体功能如图2-20所示。二维激光传感器与探轮架固结在一起，通过采集钢轨内侧轮廓数据，计算探轮与钢轨几何中心线间的距离，与设定的距离值比较，产生的偏差作为控制期望，输入到伺服控制算法中，输出驱动信号，驱动执行机构推动探轮，沿着偏差减小的方向运动。

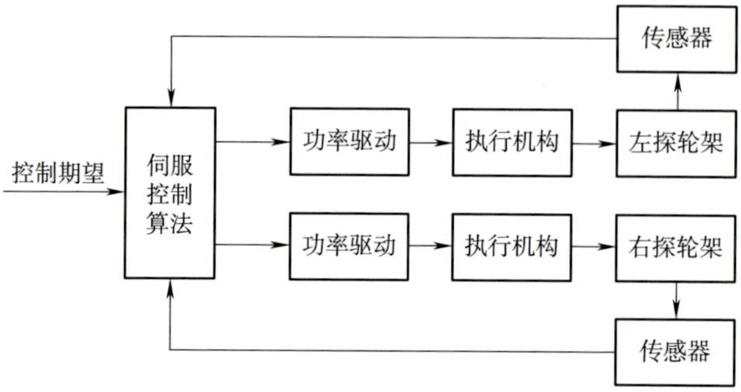

图 2-20　激光自动对中子系统功能

激光自动对中子系统组成如图2-21所示。激光自动对中子系统软件界面如图2-22所示。

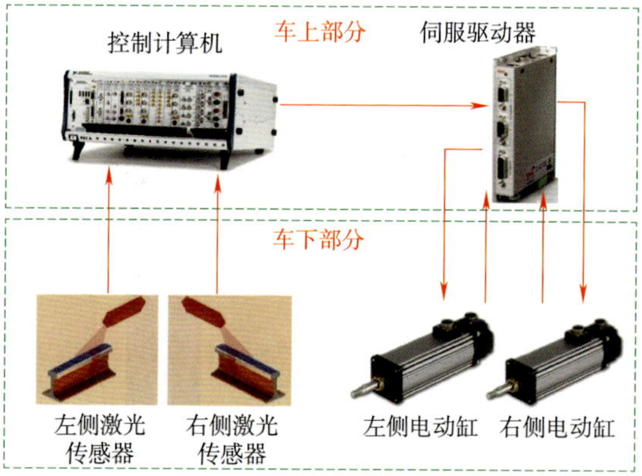

图 2-21　激光自动对中子系统组成

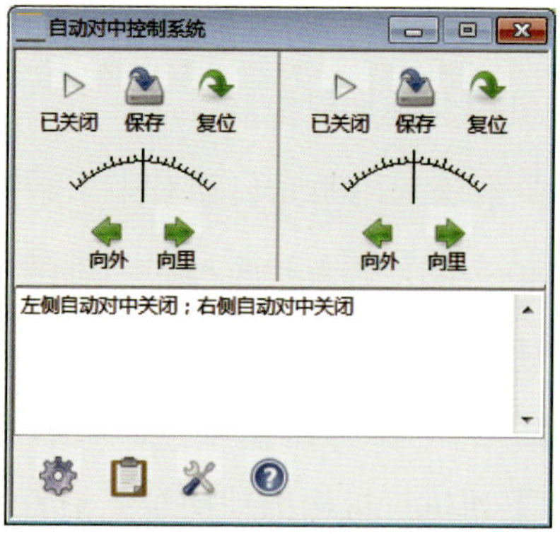

图 2-22　激光自动对中控制系统界面

激光位移传感器采集图像界面如图2-23所示。对中实时偏差曲线界面如图2-24所示，界面左侧和右侧分别对应探轮的左侧和右侧。

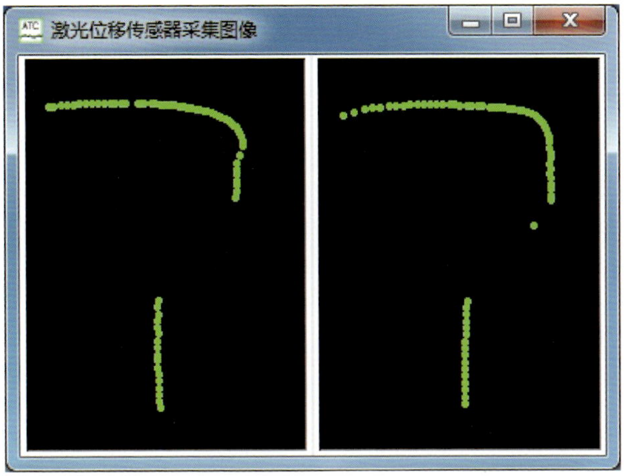

图 2-23　激光位移传感器采集轮廓界面

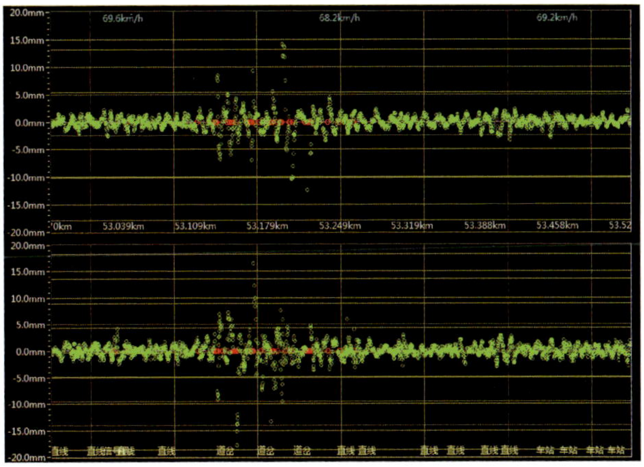

图 2-24　对中实时偏差曲线界面

激光自动对中控制系统界面各功能区说明见表2-3。

表 2-3　激光自动对中控制系统界面说明

编号	名　称	说　明
1	启动/停止自动对中	启动或停止自动对中
2	保存	保存对中位置至下位机

续表

编号	名　称	说　明
3	复位	取消手动微调值
4	对中偏差指针	指示当前对中偏差大小（-25～25 mm）
5	向外	手动控制向外电机步进或调整自动对中设定值
6	向里	手动控制向里控制电机步进或调整自动对中设定值
7	报警提示栏	显示报警提示和工作状态
8	激光位移传感器图像	打开激光位移传感器采集图像轮廓窗口
9	对中偏差曲线	打开对中偏差曲线窗口
10	报警设置	设置报警条件
11	帮助	包含软件信息和用户手册

对中检测开始时，需要手动调节探轮初始对中位置，可以通过手动摇柄进行调节。长时间按住摇柄不动时，电动缸连续移动，此时实现探轮连续移动。点动摇动摇柄时，电动缸实现点动，此时探轮向里或向外点动。

（3）里程定位

里程定位子系统由光电编码器和小键盘组成（图2-25）。钢轨探伤作业系统对光电编码器产生的脉冲信号进行累加计数，即得到列车运行的相对距离。小键盘可手工输入线路里程，作为线路上的里程校正点。里程校正点与运行相对距离合并处理，即可得到里程定位信息。

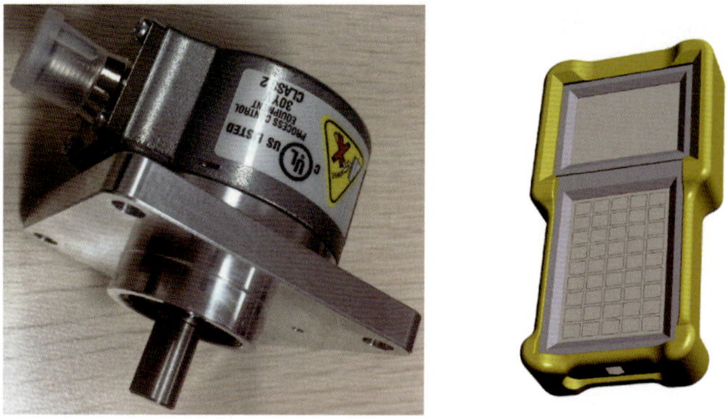

图 2-25　光电编码器和小键盘

里程定位原理如图2-26所示，b点里程计算：

$$b=a+n\times L \tag{2-2}$$

式中　L——每个编码器脉冲对应的探伤车运行距离。

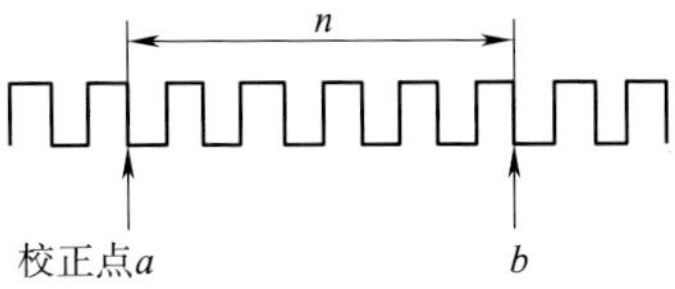

图 2-26　里程定位原理示意图

钢轨探伤作业系统可选装里程精确校正模块，增加射频标签阅读器和卫星定位，进行里程自动校正。里程精确校正系统结构如图2-27所示。

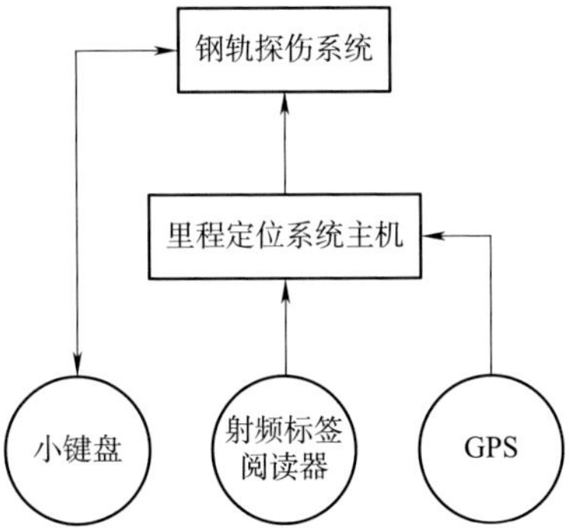

图 2-27　里程校正系统结构

射频标签阅读器布置在钢轨探伤车检测间的左右两侧，线路上布置有射频标签，在钢轨探伤车经过射频标签时，系统自动读取标签上的数据，经里程定位系统主机处理后，通过串口将修正的里程发送到钢轨探伤作业系统。

卫星定位天线安装在钢轨探伤车顶部，钢轨探伤车的实时经纬度信息可在钢轨探伤作业系统记录并显示。

（4）探轮支承机构

探轮支承机构是为超声探轮提供稳定工作环境的承载平台。安装在钢轨探伤车非动力转向架的轴箱上。探轮支承机构俯视图如图2-28所示，侧视图如图2-29所示。

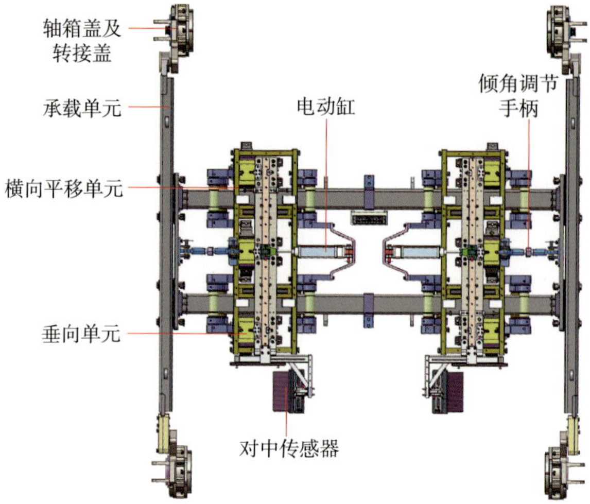

图 2-28　探轮支承机构总成俯视图

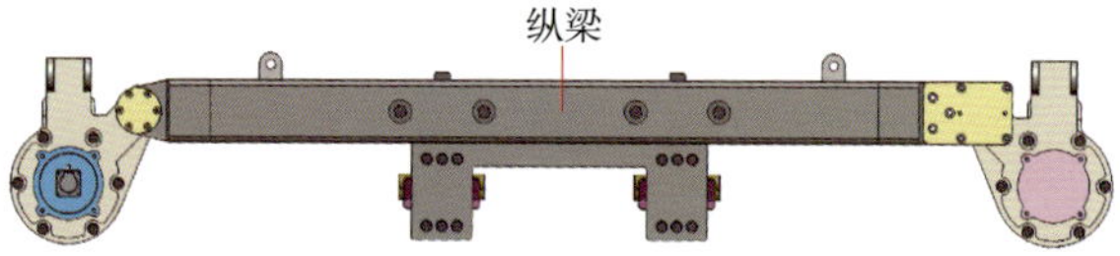

图 2-29　探轮支承机构总成侧视图

探轮支承机构每侧安装有3组垂向单元，用于提供探轮的升降支持，垂向单元结构如图2-30所示。

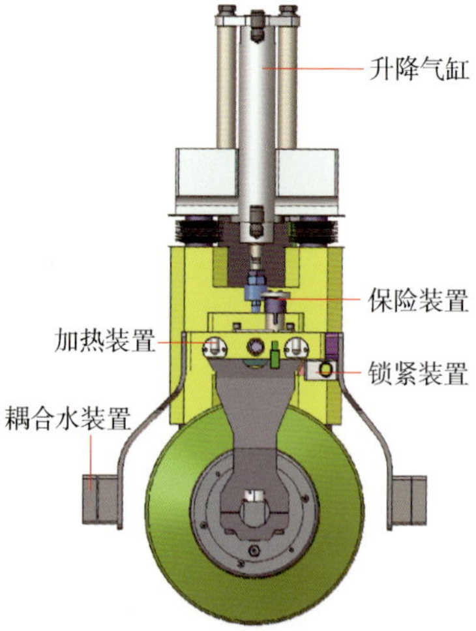

图 2-30　探轮升降机构

（5）耦合水

钢轨探伤车以80 km/h的速度检测运行时，探轮在钢轨踏面持续高速转动，为保证探轮内部安装的超声波探头发射的超声波可入射至钢轨内部，需要在超声波探轮和钢轨踏面之间喷洒耦合介质，起到排除空气、超声波良好耦合的作用。

钢轨探伤车采用水作为耦合介质，称之为耦合水，利用水泵将存储在水箱内部的水抽取出来增压，然后通过耦合水管路和喷头喷洒至探轮行进方向的前方（图2-31）。通过电磁阀控制相应喷头的启闭，当正向检测时开启前向喷头，反向检测时开启后向喷头。在钢轨探伤车通过曲线时，车轮轮缘与钢轨摩擦产生噪声，该噪声为宽频信号，可串扰进超声波检测系统形成虚假信号，因此还需要在轮缘处设置轮缘水喷头，在轮缘噪声严重区域，通过电磁阀开启轮缘水喷头，可对轮缘与钢轨接触部分进行润滑，降低噪声对超声信号的干扰。当冬季作业时，可打开电热水器对耦合水进行加热。冬季检测作业完成后，通过电磁阀关闭耦合水箱管路，开启防冻液箱管路，确保所有管路内充满防冻液，起到管路防冻的作用。

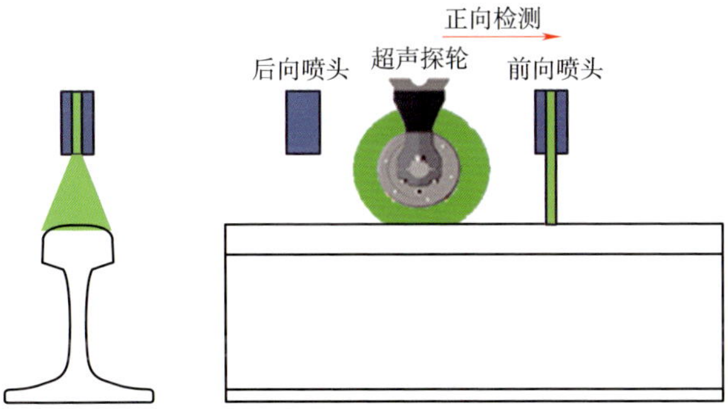

图 2-31　耦合水喷洒示意

耦合水子系统分为车内部分和车下部分。其中，车内部分安装在水泵间，主要为耦合水箱、防冻液箱、水泵柜等；车下部分安装在探轮支承机构上，主要为承载机构——耦合水接口、轮缘水车辆接口、耦合水喷头、轮缘水喷头；车内和车下通过软管连接，软管外面包覆伴热带和保温管。耦合水子系统如图2-32所示。

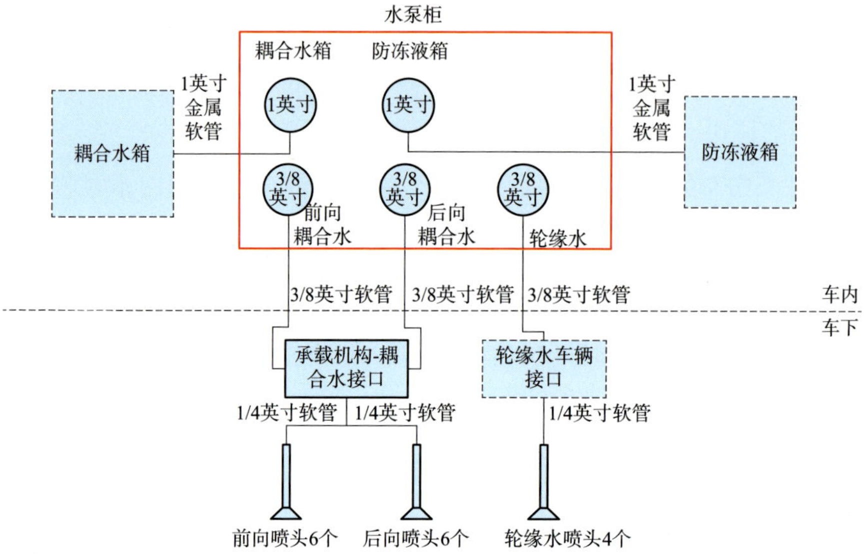

图 2-32　耦合水子系统组成

耦合水子系统的特点：

①水泵、电磁阀、电热水器等集成于水泵柜一体；

②耦合水箱和防冻液箱分时供液，耦合水箱具备加热保温功能；

③根据检测方向不同，选择不同喷头的启闭，喷头扇形面喷洒，钢轨踏面全覆盖；

④轮缘噪声严重区域可开启轮缘水润滑降噪。

（6）探轮升降控制

探轮安装在垂直升降单元的固定座块上，并用锁紧块将其松开或锁紧，依靠气缸的压力使升降块沿铝柱提升或落下（图2-33）。

探轮提升时，升降气缸向上动作，蘑菇头的边缘将挂钩顶开（图2-34）。当探轮抬升到一定位置以后，挂钩在弹簧的拉力下复位，蘑菇头则挂在挂

注：1英寸=25.4 mm。

钩上，即使在没有气压的情况下，探轮也可以挂在挂钩上而不会落下。探轮下降时，针型气缸推动挂钩打开，升降气缸向下动作，探轮就会落到钢轨上。

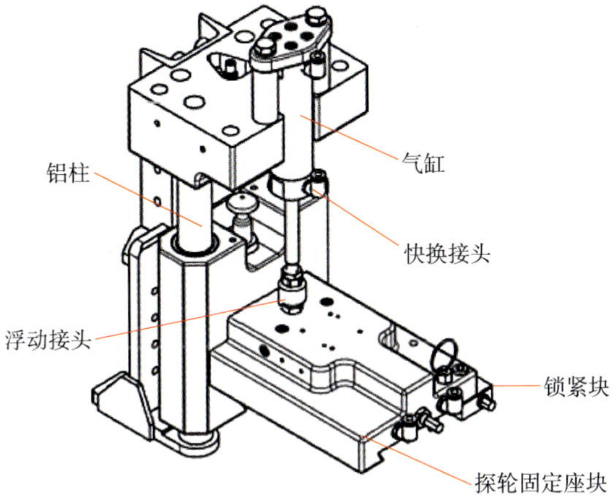

图 2-33　探轮垂直升降单元

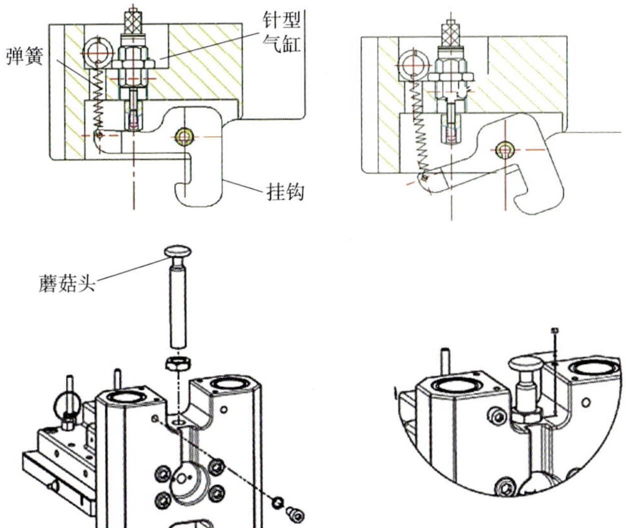

图 2-34　挂钩及锁紧机构

钢轨探伤车探轮升降是靠PLC来控制的。操作者通过触摸屏发送控制信号给PLC，通过PLC来控制气阀，实现探轮的升降，其原理如图2-35所示。

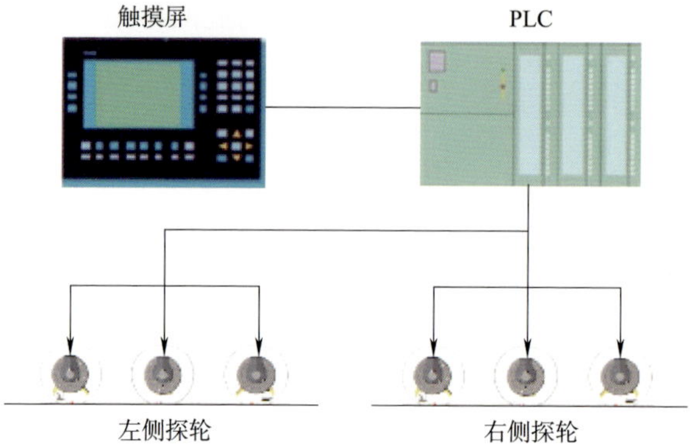

图 2-35　探轮升降控制原理

操作界面由耦合水控制、对中极限显示、轮缘水防冻液控制、探轮升降控制等区域组成，操作界面各分区域如图2-36所示。操作者可通过点击触摸屏上的按钮实现相应的控制。

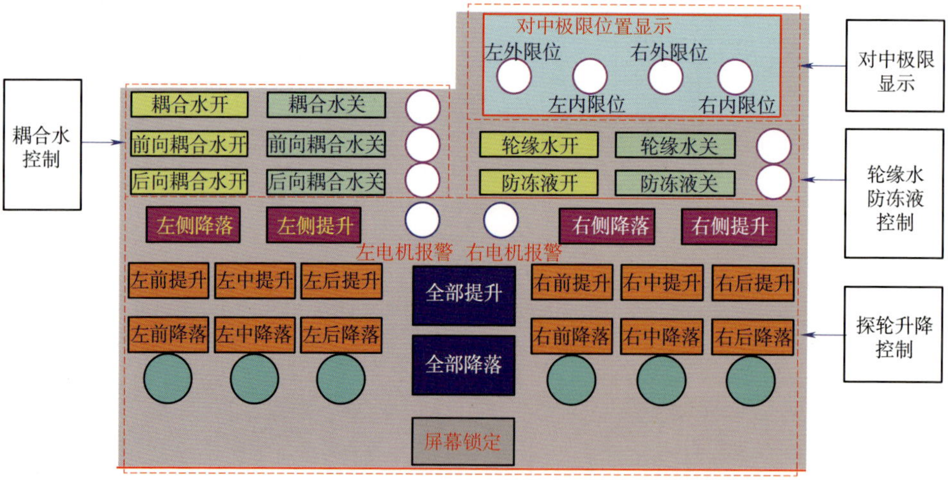

图 2-36　操作界面各分区域

（7）探轮内温度控制

钢轨探伤车以80 km/h的速度检测运行，探轮在钢轨踏面持续高速转动，探轮内部累积的热量无法及时排出，导致探轮内部温度上升，进而令探轮内安装的超声波晶片寿命缩短。在冬季检测作业时，探轮内温度过低同样影响超声晶片的性能。为保障探轮的稳定工作，钢轨探伤作业系统需要配置探轮温控系统。

探轮温控子系统采用强制水冷的方式实现探轮内部的恒温控制。在探轮内部设置换热块，当探轮内部温度过高/过低时，探轮温控柜将冷/热液体输入到探轮内部换热块，在探轮内部换热块进行热交换，然后将换热后的液体返回至探轮温控柜进行制冷/加热。如此反复循环，进而达到调节探轮内部温度的目的（图2-37）。

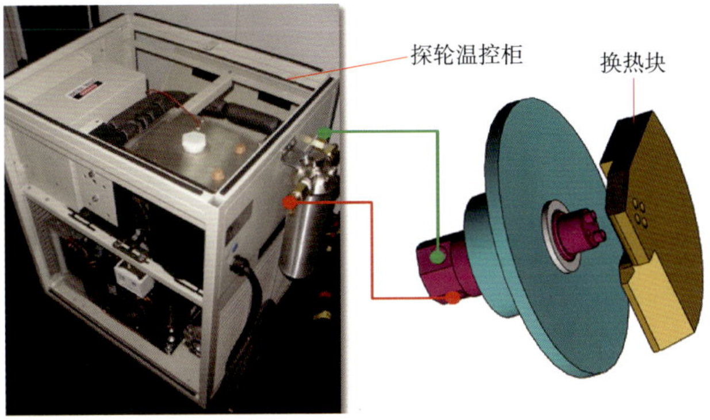

图 2-37　探轮温控原理

探轮温控子系统分为车内部分和车下部分（图2-38）。其中，车内部分安装在探轮温控间，主要为探轮温控柜组件（主要包括探轮温控柜、相关管路和热电耦等）；车下部分安装在探伤支承机构的横梁上，主要为温控分水块和温控软管等。

探轮温控柜（图2-39）安装在检测车内，探轮内置换热块，探轮温控柜和探轮之间通过温控软管连接。

探轮温控子系统的特点：

①强制水冷方式；

②具备加热和制冷两种模式；

③制冷量：15 000 BTU/h（5 300 W）（注：设定出口温度为20 ºC）；

④温度控制范围：25 ℃～35 ºC。

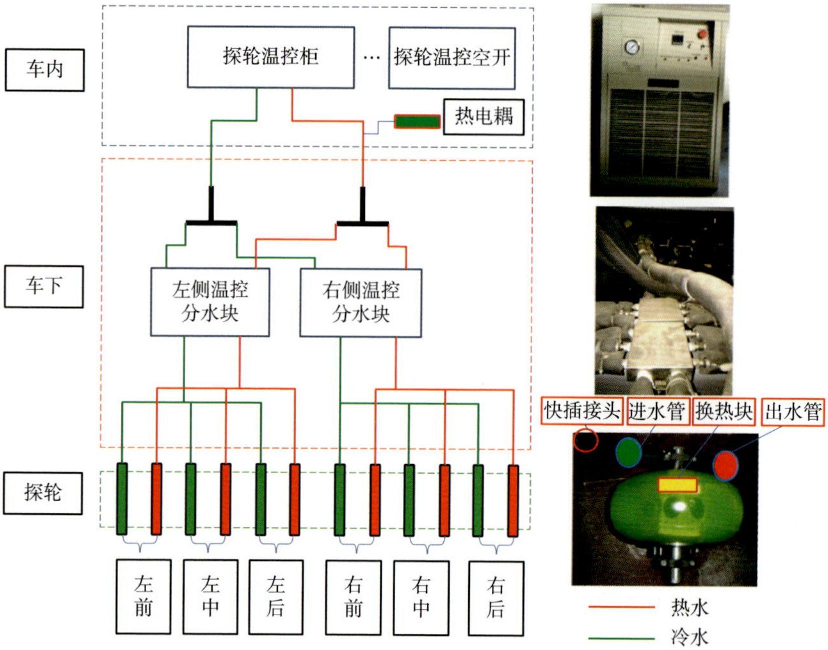

图 2-38　探轮温控系统组成

（8）视频监控

钢轨探伤车在进行检测任务的过程中，操作人员需要实时掌握车下设备尤其是探轮支承机构相关设备的工作状态，因此需要设置一套实时视频监控系统。

图 2-39　探轮温控柜

视频监控子系统由摄像机、传输通道、控制主机、录像存储四大部分组成。摄像机通过由同轴视频电缆或网络组成的传输通道将视频图像传输到控制主机，控制主机再将视频信号分配到各监视器及录像存储设备。通过控制主机，操作人员可实现在多路摄像机之间的图像做显示选择、切换或图像整合。通过控制主机可对图像进行录入存储、回放、处理等操作。

视频监控子系统由车上和车下两部分组成（图2-40）。车下设备主要是四个摄像头，分别安装在承载机构的左前、左后、右前和右后四个方位，分别从不同角度拍摄每侧轮式探头工作的画面。车上设备包括硬盘录像机和监控显示器，可以将车下四个摄像头的视频信号单独选择或整合到同一个显示界面上，同时实现储存和回放功能。

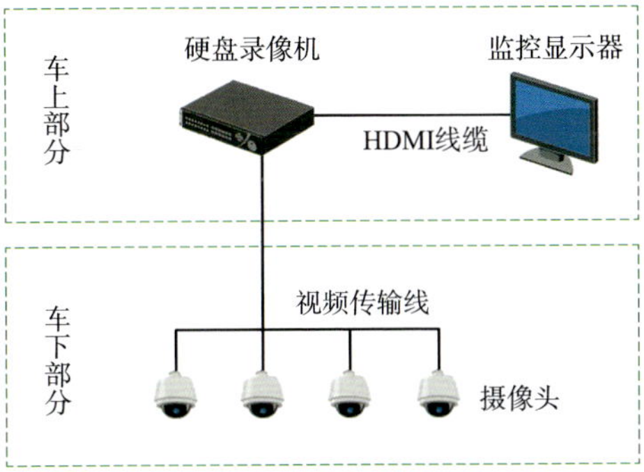

图 2-40　轮式探头监视系统组成

视频监控子系统性能指标：

① 选用大于80万像素的摄像头；

② 宽动态范围可达120 dB，实现在逆光或背光环境下，依然清晰可见画面中的前景和背景；

③ 智能红外功能，可根据图像亮度自动调节，使图像达到理想的效果。支持可移动红外滤光片，在低照度的环境下支持彩转黑功能，实现真正的日夜监控；

④ 高效红外灯组，低功耗、寿命长，红外灯波长850 nm，IR距离10～20 m；

⑤ 工作温度：−20 ℃ ～+55 ℃；

⑥ 功耗：≤40 W；

⑦ 达到IP66防护等级，可满足探伤作业环境下的应用。

视频监控子系统共有4个摄像头，分布在安装有承载机构的转向架两侧，左右各2个。视频监控子系统具有不小于1 TB硬盘的视频分配器，开机后可自动记录4个摄像头的视频。操作人员可按照日期对视频录像进行回放、拷贝和删除。探伤系统操作台具有视频监控显示器，具有画面分割功能，可同时显示4个摄像头图像，以便操作人员在检测过程中监视探轮状态。

车下摄像头安装位置如图2-41所示，车上监控显示界面如图2-42所示。

图 2-41　车下摄像头安装

图 2-42　监控显示界面

（9）管路防冻

钢轨探伤作业系统冬季低温作业时，为确保耦合水管路防冻和探轮拆装便利等，需要安装一套防冻系统。防冻系统包括一套耦合水防冻系统和一套探轮架保温系统。耦合水防冻系统采用伴热带加热防冻，探轮架保温系统采用加热棒加热保温。

耦合水防冻系统由伴热带电源、伴热带等组成，耦合水防冻系统分为车内部分和车下部分（图2-43）；伴热带缠绕在耦合水管外部。探轮架保温系统由加热棒、热电耦、温度显示调节器、加热功率控制器和24 V变压器等构成，探轮架保温系统分为车内部分和车下部分（图2-44）。

伴热带实现耦合水管路全包覆，保证低温作业防冻要求，车下安装示意如图2-45所示。

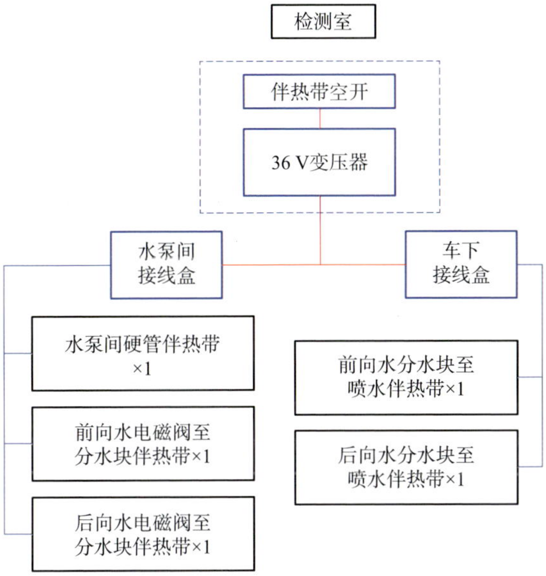

图 2-43　耦合水防冻系统

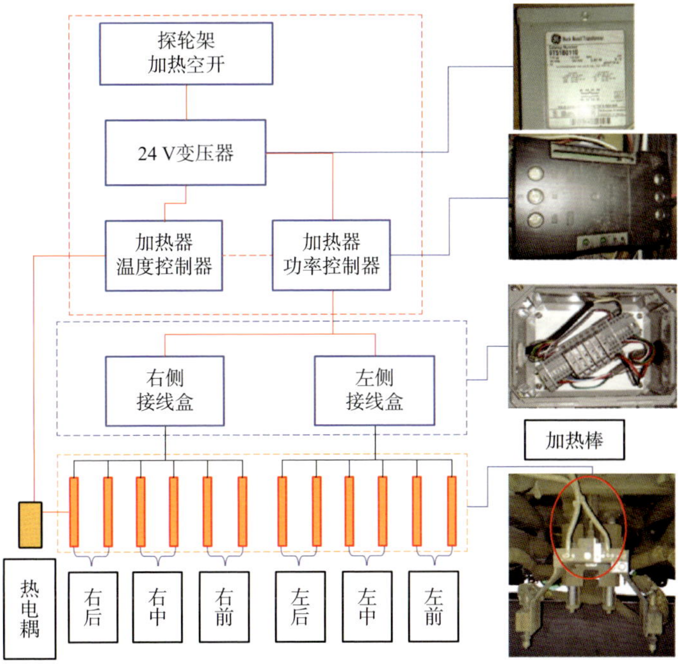

图 2-44　探轮架保温系统组成

探轮架加热温度调节，防止探轮架安装槽口上冻，车下安装示意如图2-46所示。

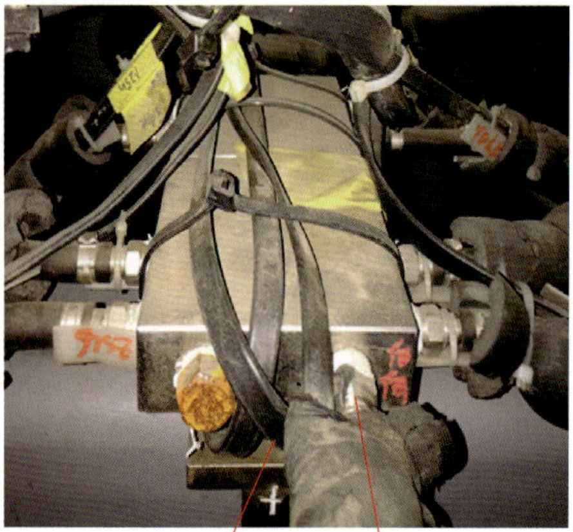

图 2-45　伴热带车下安装部分

图 2-46　加热棒车下安装部分

2.2.3　数据交换及分析应用

（1）车载局域网

TKGT-Ⅰ型钢轨探伤作业系统车载局域网以24口全千兆网络交换机为节点，将系统内的多个硬件单元连接，提供高速数据交换的链路。车载局域网留有用户接口，可随时接入笔记本电脑等设备，车载局域网连接设备如图2-47所示。

（2）探伤数据回放分析

TKGT-Ⅰ型钢轨探伤作业系统的检测数据可通过数据回放软件实现探伤数据的回放分析，软件功能包括对检测数据的检索、回放与显示、伤损自动识别与分类、生成检测报告和探伤日志等功能，回放过程中可对超声波B显图及增益闸门参数进行显示和打印。探伤数据回放分析软件界面如图2-48所示。

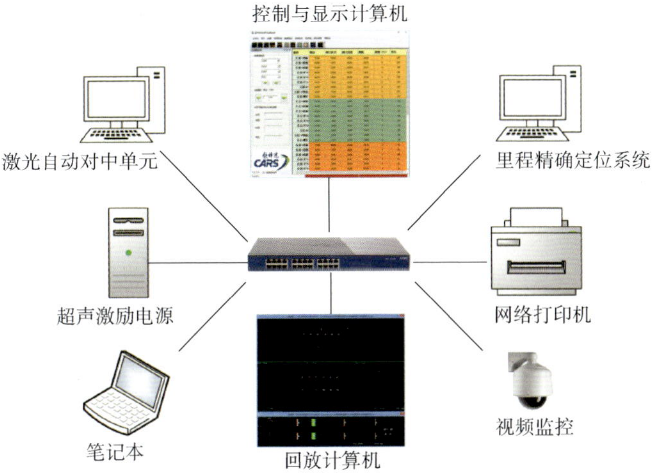

图 2-47 车载局域网

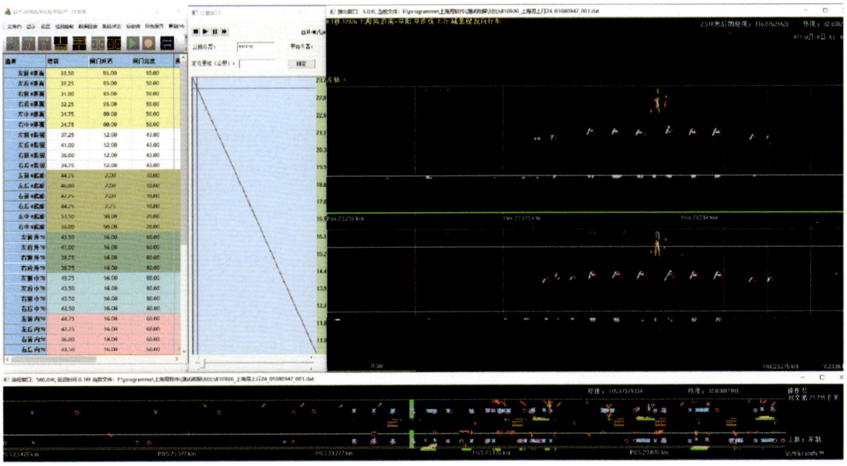

图 2-48 探伤数据回放分析软件界面

在探伤数据回放的过程中，数据回放人员经常需要对比分析一个甚至多个检测周期的检测数据，以提高判伤的准确性。钢轨探伤作业系统可对各周期的检测数据进行数据对齐、同步回放，历史数据对比分析界面如图2-49所示。

在探伤数据回放分析中，回放软件可记录操作人员标记的伤损信息，自动生成伤损报表，如图2-50所示。

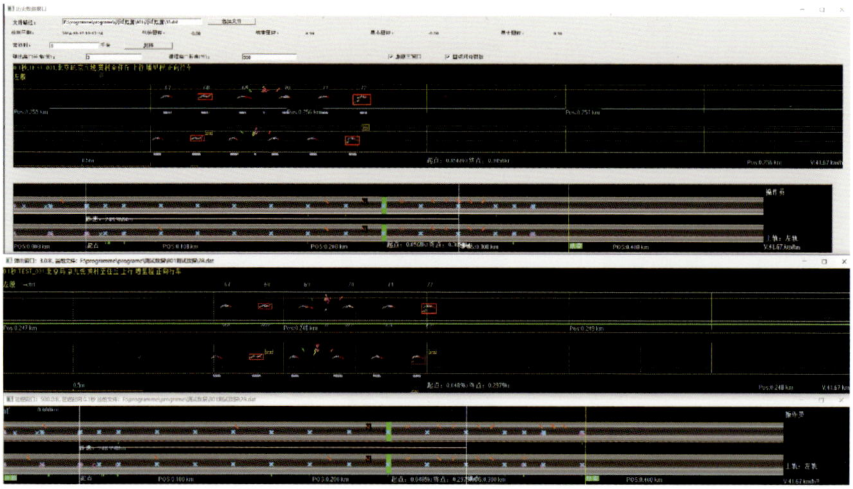

图 2-49　历史数据对比分析界面

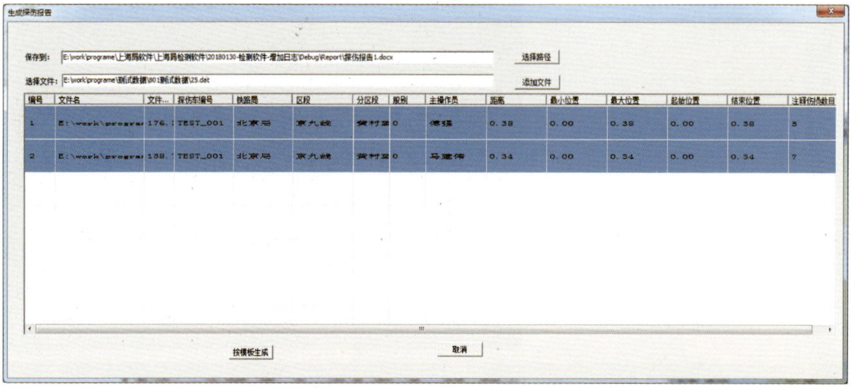

图 2-50　伤损报表

（3）数据实时处理

探伤钢轨探伤作业系统以最大4 kHz重复频率发射超声波，每个发射周期收到的数据处理必须在250 μs内完成射频信号采集、数字信号处理、波形特征提取、B显数据点计算、多通道B显数据拼合、数据传输等任务，如果处理超时或时间不确定就会导致B显的显示时快时慢，卡滞甚至死机。为了减轻计算机CPU的处理压力，采用Windows-RT-FPGA三层软件架构把不同类型的数据处理过程转化为流水线分步处理，从而达到数据处理的实时性要求。

Windows系统：运行探伤系统操作软件，提供数字A显显示、B型图显示、参数控制界面，并存储A显、B显检测结果。

RT系统：运行探伤系统RT软件，完成TCP/IP通信、多回波特征空间转换、动态阈值计算、控制命令解析等功能。

FPGA：运行探伤系统FPGA同步软件、逻辑控制软件和AD数字处理软件，分别完成多板卡同步控制、超声发射与增益逻辑控制、超声信号数字采集与处理功能。

钢轨探伤作业系统数据实时处理过程如图2-51所示。

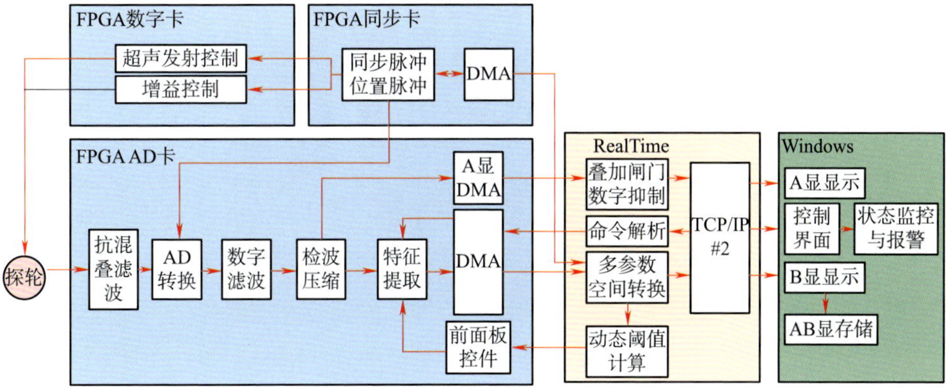

图 2-51 钢轨探伤作业系统数据实时处理过程

2.2.4 主要设备安装

TKGT-I型钢轨探伤作业系统主要有7个安装设备。车下设备：探轮支承机构、编码器；车上设备：机柜、操作台、探轮温控柜、水泵柜、PLC柜。钢轨探伤车上各设备安装布置如图2-52所示（以GTC-80x型探伤车为例，可根据具体车型的不同进行详细设计）。钢轨探伤车检测间如图2-53所示。

（1）探轮支承机构安装

探轮支承机构安装在钢轨探伤车非动力转向架上，转向架轴距需大于或等于2 300 mm，采用的制动形式不允许占用转向架两轴之间的空间。安装示意如图2-54所示。

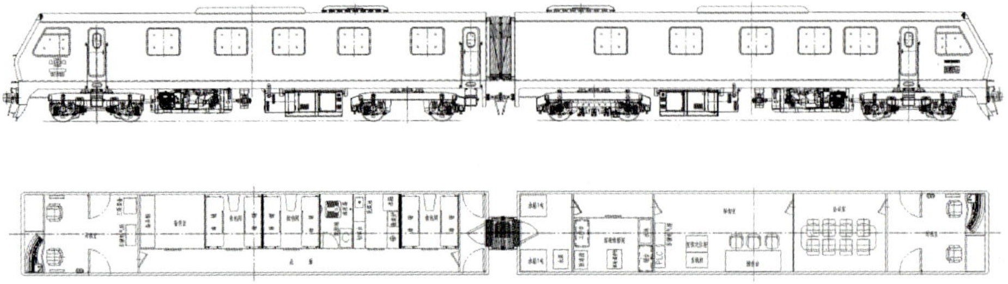

图 2-52　GTC-80x 型钢轨探伤车布置

图 2-53　GTC-80x 型钢轨探伤车检测间

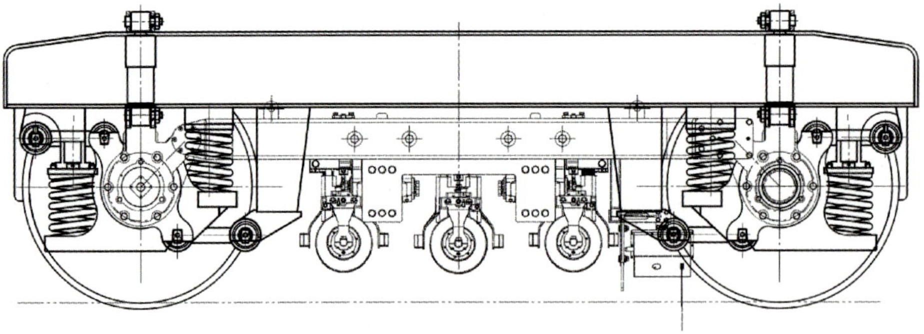

图 2-54　探轮支承机构安装示意

探轮支承机构与转向架通过轴箱转接盖连接，轴箱转接盖接口尺寸如图2-55所示。

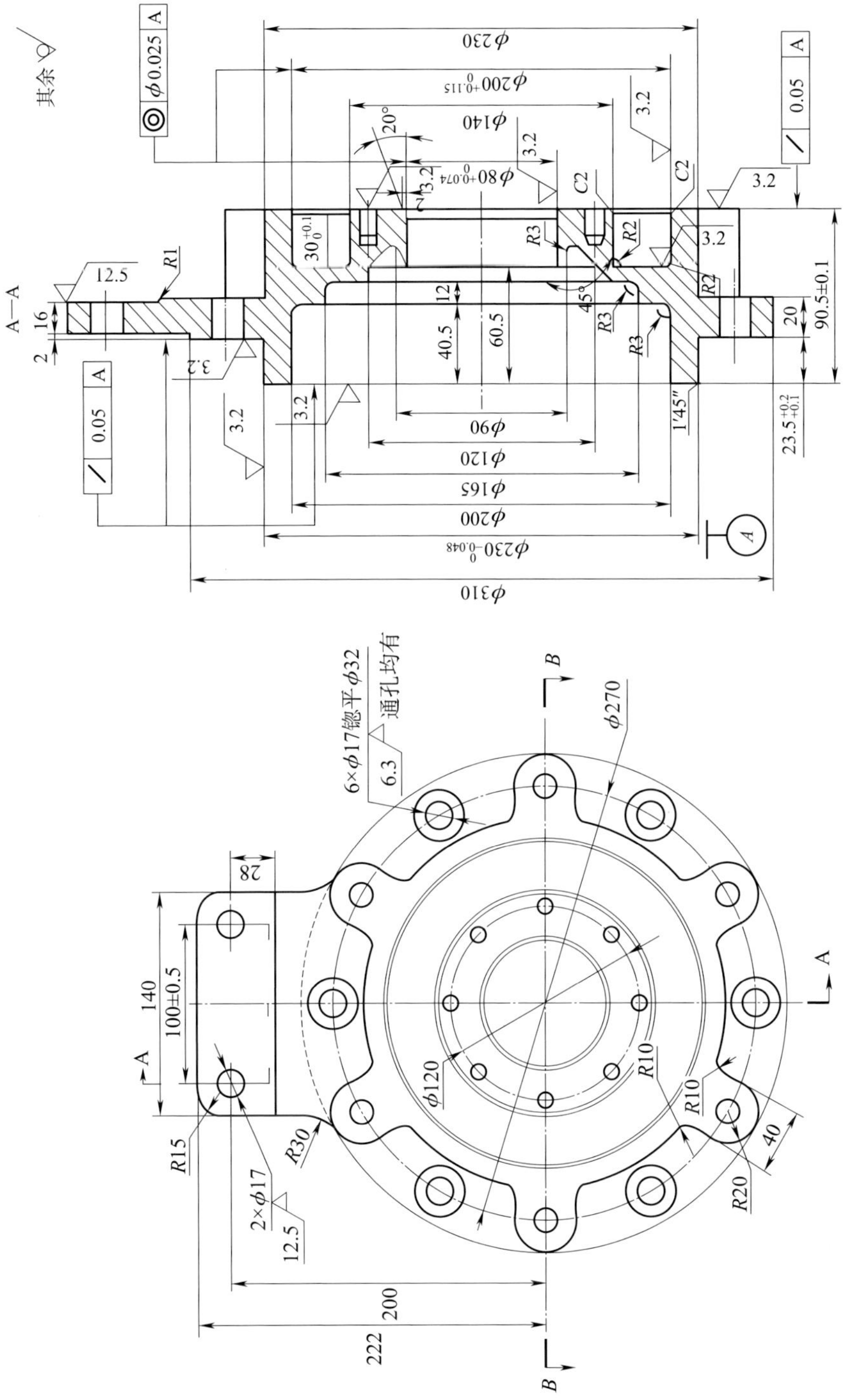

图 2-55　探轮支承机构安装接口（单位：mm）

（2）编码器安装

在安装探轮支承机构的转向架轴端安装编码器，一辆钢轨探伤车安装2个编码器，分别位于探轮支承机构的两侧斜对称位置。编码器安装座通过螺栓与轴箱盖连接，编码器安装于安装座上，再通过联轴器、轴头压盖与轮轴连接，安装示意如图2-56所示。

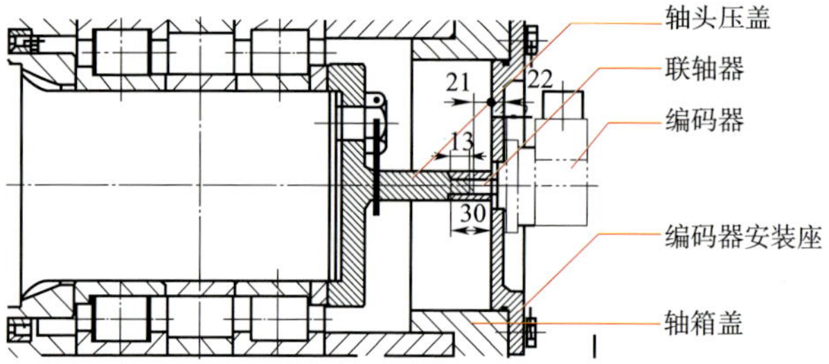

图 2-56　编码器安装示意（单位：mm）

（3）机柜安装

机柜共计安装2套，机柜采用底部钢结构固定方式和顶部固定方式。两组机柜采用并柜机拼装在一起。靠侧墙机柜侧壁下方和对应明线槽位置处需开明线槽。探伤系统机柜布局示意如图2-57所示。

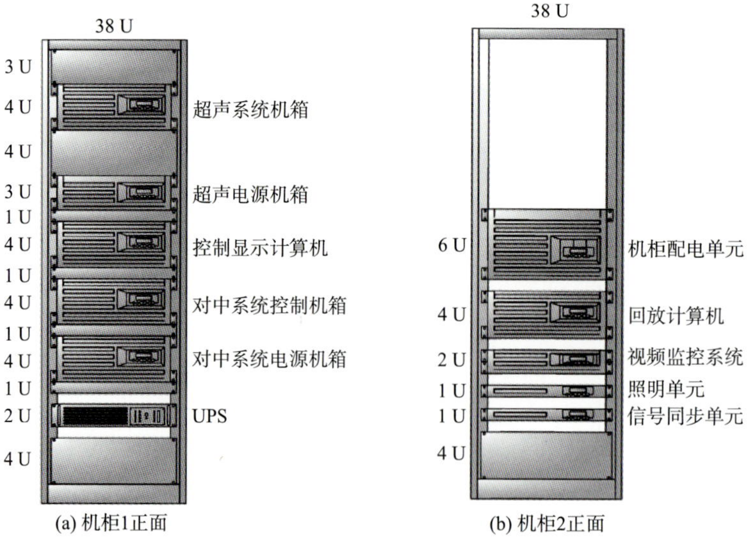

图 2-57　探伤系统机柜布局

（4）操作台安装

操作台（图2-58）上方布置显示器、触摸屏、对中手动摇杆等，操作台下柜内部布置电机变压器、加热棒电源、灯带电源、视频监控器电源和伴热带电源等。操作台底座和车体地板钢结构固定，接口如图2-59所示。

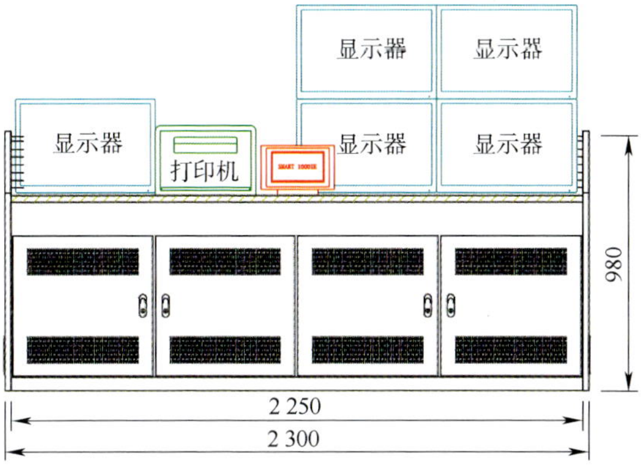

图 2-58　操作台（单位：mm）

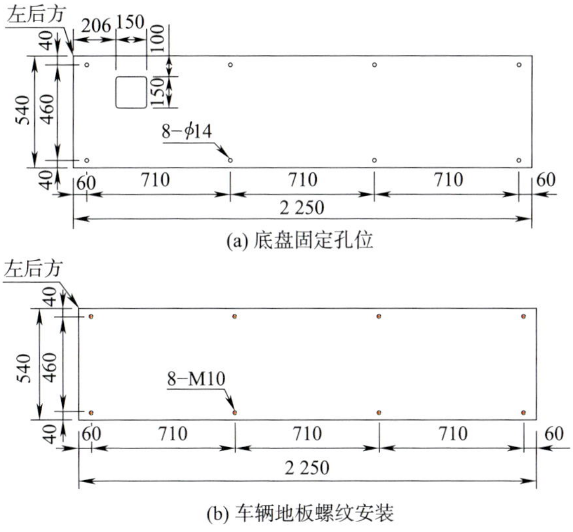

(a) 底盘固定孔位

(b) 车辆地板螺纹安装

图 2-59　操作台安装接口（单位：mm）

（5）探轮温控柜安装

探轮温控柜安装于检测车内，探轮温控柜四周150 mm不能存在遮挡物，否则影响探轮温控柜的散热效果。

探轮温控柜组件底部预留2个直径12 mm的圆孔和2个12 mm × 20 mm的长条孔作为安装接口，孔间距389 mm × 600 mm。探轮温控柜安装接口如图2-60所示。

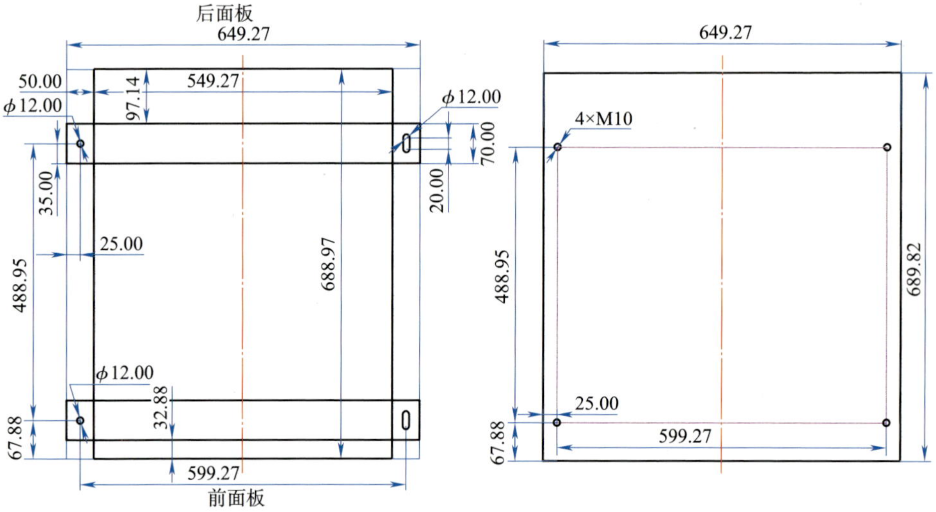

（a）探轮温控柜底板接口　　（b）车体地板钢结构接口

图 2-60　探轮温控柜安装接口（单位：mm）

（6）水泵柜安装

在水泵间布置集成式水泵柜（图2-61），车辆厂在车体地板上提供安装水泵柜的金属底座。

（7）PLC柜安装

PLC柜前面板为旋转门，PLC柜的安装固定采用侧墙固定的方式。PLC柜背面侧墙应有一块钢板。

PLC柜与探伤系统柜、操作台、阀板间及车体下方均有线管连接，需预留走线孔，PLC柜至操作台和探伤系统柜之间沿隔墙下方铺设线槽，操作台内侧面距隔墙墙体预留100 mm走线空间。PLC柜下方开穿线孔，车体底部下方，沿穿线孔至二位转向架预留200 mm × 200 mm的U型线槽。PLC柜内部器件布局示意如图2-62所示。

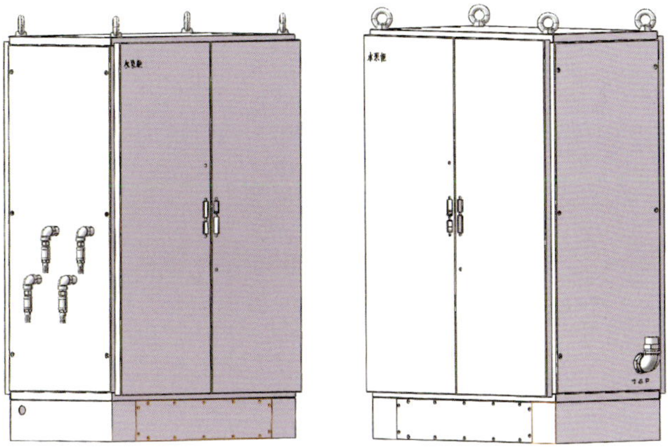

图 2-61　水泵柜外形

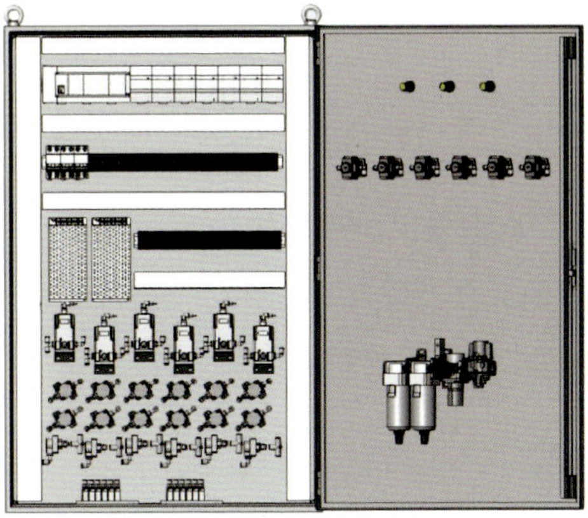

图 2-62　PLC 柜内部器件布局

2.3　SYS-1900探伤作业系统

2.3.1　功能与技术指标

SYS-1900探伤作业系统是美国Sperry公司的产品，该系统以SYS-1000及Frontier探伤系统技术为基础开发，采用9英寸[①]轮式探头和转向架式探轮

① 注：1英寸=25.4 mm。

支承机构，最高检测速度80 km/h。该系统于2009年首次引进国内，后由株洲时代电子技术有限公司合作生产，是GTC-80J型钢轨探伤车配备的探伤作业系统。

该系统主要技术指标如下：

（1）最高检测速度80 km/h；

（2）9英寸轮式探头，每侧钢轨3个轮式探头；

（3）30个独立超声通道，每侧钢轨15个超声通道；

（4）37° 轨底监视功能；

（5）超声扫查间距：1/16英寸、1/8英寸、3/16英寸、1/4英寸等间隔距离基准；

（6）电磁对中系统；

（7）以太网通信网络。

2.3.2 系统组成

从硬件上SYS1900系统可以分为超声波子系统与电子柜两大部分，车辆及探轮支承机构为系统提供了运载工具及安装平台。

（1）超声波子系统

超声波子系统中配备4个9英寸轮式探头和2个X-Fire轮式探头,共有30个超声波通道，即每股钢轨2个9英寸轮式探头和1个X-Fire轮式探头，每股钢轨有15个超声波通道。

每个9英寸轮式探头内配有6个换能器，即0°、37.5°（通常称为37°）、70° 三换能器阵列及侧打（也简称SL）换能器；X-Fire探轮内有2个XF换能器和1个0° 换能器，以检测钢轨中不同位置和不同取向的伤损。每侧的2个9英寸轮式探头在探轮支承机构安装方向对称；X-Fire探轮则安装在中间，其XF换能器声束指向钢轨内侧，以得到不同方向的声束。SYS1900系统轮式探头声束示意如图2-63所示。

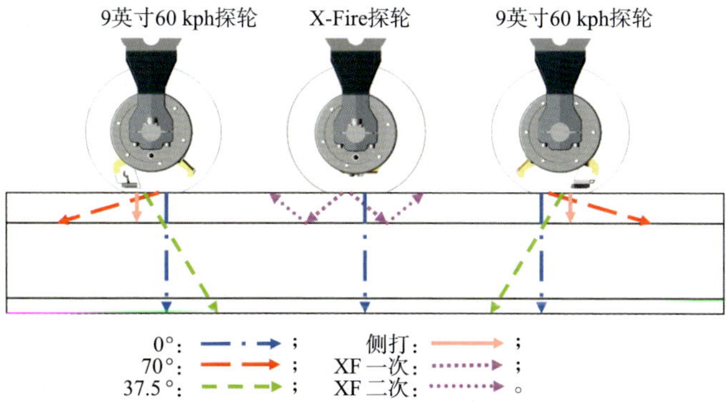

图 2-63 SYS1900 系统轮式探头声束示意

（2）电子柜

SYS1900系统的主要核心是电子柜，由嵌入式板卡与微型计算机构成。电子柜采用定制的19英寸VME64x背板总线，各类型的超声发射和信号处理板卡按照特定顺序和位置插入。电子柜组成示意如图2-64所示。插好板卡的电子柜如图2-65所示。

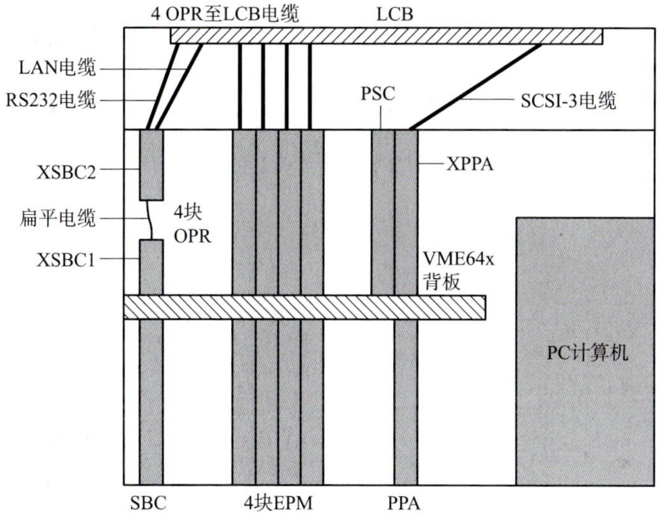

图 2-64 SYS1900 系统电子柜示意

电子柜中的主要板卡包括超声回波处理单元EPM、超声脉冲/喷漆/A型显示控制板PPA、八通道超声波脉冲发射/接收单元OPR、单板计算机SBC

等。这些板卡的基本功能如下:

①EPM板（超声回波处理单元），如图2-66所示。

每块EPM板有8个超声波通道；对超声回波进行可控放大；对回波信号做模拟量/数字量转换；可变界面波跟踪处理技术，适用于不同种类探轮配置；输入波形处理；向单板计算机SBC报告回波的传播时间；输出波形处理；为A型显示进行数/模转换；在A型显示信号上叠加闸门信号。

图 2-65　SYS1900 系统电子柜前视图

图 2-66　EPM 板（超声回波处理单元）

②超声脉冲/喷漆/A型显示控制板PPA，如图2-67所示。

处理探伤车的里程与速度信息；向SBC和EPM提供位置信息（通过控制信号同步）；提供距离基础的超声脉冲触发信号（可软件设置）；在给定的位置及持续时间内启动喷漆喷枪；提供在最多48个超声通道中选择8路A型显示信号输出。

图 2-67 PPA 板（超声脉冲 / 喷漆 /A 型显示控制板）

③OPR板（八通道超声波脉冲发射/接收单元），如图2-68所示。

每块OPR有8个通道的双极脉冲发射单元；可软件预置的发射脉冲激发频率，以匹配不同频率的换能器；可软件预置的发射延迟，用于匹配不同换能器的轮内液体声时；可软件关/开发射单元；固定17.5 dB增益的接收放大器；各通道测试信号的注入，用于系统仿真测试。

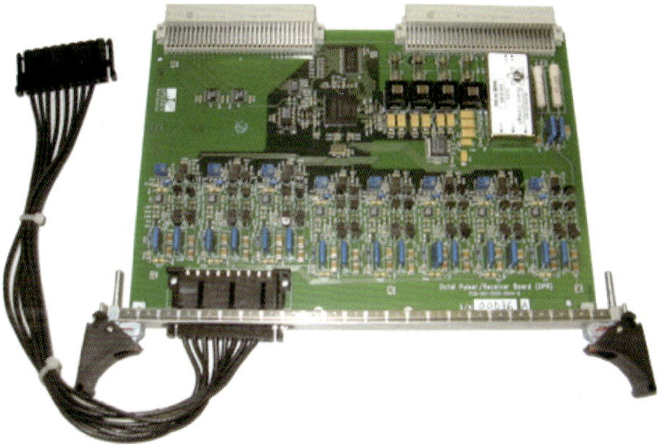

图 2-68 OPR 板（八通道超声波脉冲发射 / 接收单元）

④SBC板（单板计算机），图2-69所示。

在实时操作系统VxWorks支持下工作；负责超声波伤损信息的采集；实

现系统自诊断功能；通过以太网下载嵌入式系统所需的软件及参数并上传超声波信息。

图 2-69　SBC 板（单板计算机）

2.4　探伤系统标定及人工伤损图例

2.4.1　超声波晶片性能测试

每个超声波探轮含有1个或多个超声波晶片，在将超声波探头组装入探轮前，需对各个超声波晶片的信噪比进行测试，测试的设备、依据、方法如下：

（1）测试对象

0°、70°、37°、偏斜70° 晶片。

（2）测试设备

对比试块CS-1-5、探轮测试连接线、数字式超声波探伤仪。

（3）测试依据

GB/T 28426—2012《大型超声波钢轨探伤车》。

（4）探伤仪参数设置

①打开探伤仪电源，在按钮面板选择【主菜单MENU】，此时可在显示屏上看到“主菜单界面”，如图2-70所示。

②选择“主菜单”上的“基础”对应的按钮【F1】，进入“基础界面”，如图2-71所示。

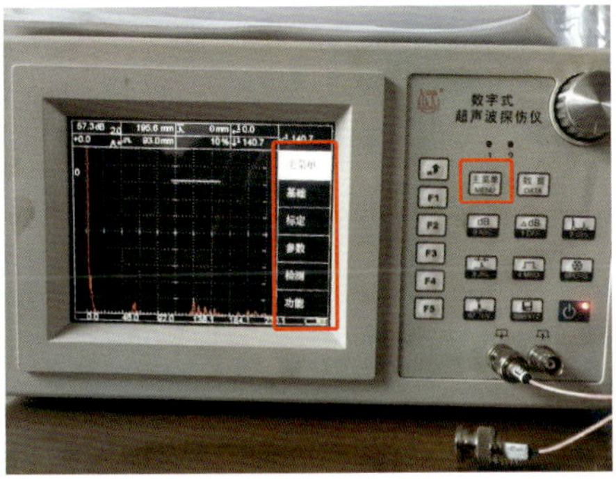

图 2-70 主菜单界面

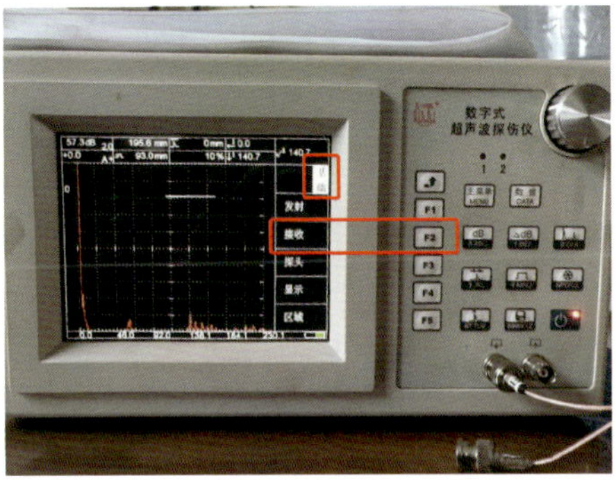

图 2-71 基础界面

③选择“基础”上的“接收”对应的按钮【F2】，进入“接收界面”，如图2-72所示。

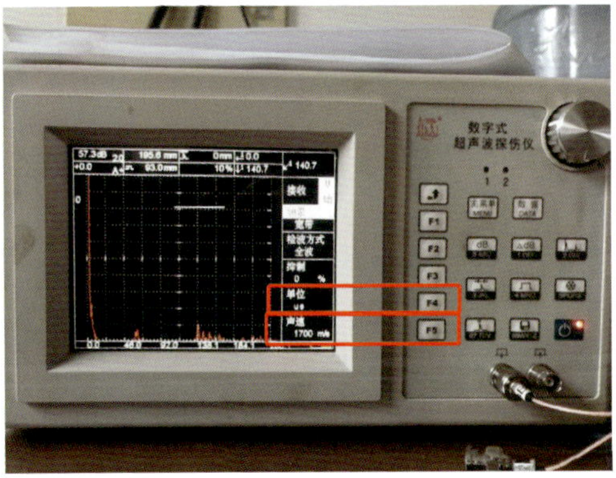

图 2-72 接收界面

④选择“接收界面”中按钮【F4】“单位”，将单位改成μs；选择【F5】“声速”，将声速改成5 900 m/s。

此时探伤仪参数已设置完毕。

（5）信噪比测试

各角度超声波晶片均为纵波直探头，信噪比测试方法相同。信噪比测试示意如图2-73所示。

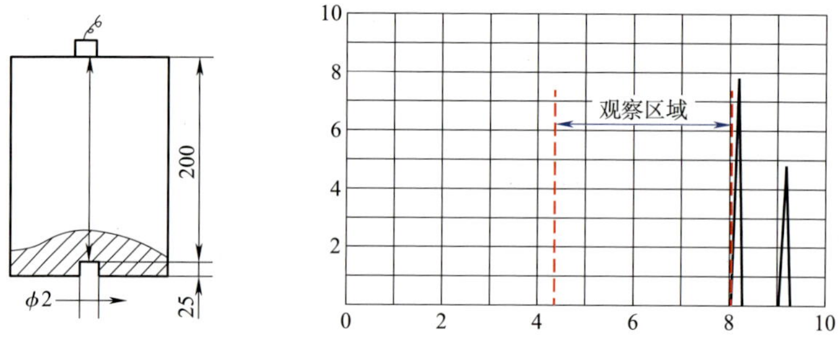

（a）CS-1-5试块　　（b）噪声观察区域

图 2-73　信噪比测试示意（单位：mm）

①将数字式超声波探伤仪与晶片用探轮测试连接线连接起来，将晶片放置于CS-1-5试块上，并找到$\phi 2$平底孔回波。

②将CS-1-5试块平均分成9份中，每格是25 mm。将晶片对准2 mm平底孔，底波出现在第9格，平底孔出现在第8格。由各晶片的2倍近场长度可知，噪声观察区域如图2-73中虚线区域所示。

③使晶片与CS-1-5试块耦合良好，前后左右移动晶片使平底孔回波的最高波达到最高，调整增益使平底孔回波达到满屏的80%，记录此时的增益放大器（或衰减器）读数为S_1。

④保持晶片不动，调节增益放大器（或衰减器），记录图2-73观察区域中最大噪声达80%时的增益放大器读数为S_2。

⑤该晶片的信噪比S_N，按下列公式计算：

$$S_N=|S_2-S_1|$$

（6）晶片信噪比合格标准

0° 通道：$S_N \geqslant 20$ dB；

37°、70°和偏斜70°通道：$S_N \geqslant 18$ dB。

2.4.2 动态标定术语及要求

为确认钢轨探伤作业系统设备性能持续满足检测能力要求，钢轨探伤作业系统需要定期在人工伤损标定线进行动态标定。TG/GW 218—2017《钢轨探伤车运用管理办法》规定“超声检测系统实行年度检定制度，采用动态标定方式”，其周期为每年进行一次。另外，各铁路局探伤车运用单位常在每个检测周期开始前进行一次动态标定，其标定周期为每月进行一次。

在系统标称检测速度（±3 km/h）下对试验线路的人工伤损进行连续10次检测，统计计算平均人工伤损检出率和平均伤损误报率。

（1）术语定义

人工伤损检出率：对试验线路的一次检测中，人工伤损被检出次数与应被检出次数的比值。

伤损误报率：对试验线路的一次检测中，误报数量与实际设置的人工伤损数量的比值。

平均人工伤损检出率：对试验线路进行多次检测，人工伤损检出率的平均值。

平均伤损误报率：对试验线路进行多次检测，伤损误报率的平均值。

（2）试验线要求

试验线路总长度单向标定时不小于2 000 m，可双向标定时不小于2 600 m，须设有直线伤损区和曲线伤损区，直线伤损区具有不低于80 km/h试验速度，曲线伤损区具有不低于25 km/h试验速度，曲线半径宜为300～450 m，通过设置轨道几何偏差模拟真实运营线路，并设起始点、终止点和百米标里程标记，起始点、终止点间距离为1 000 m。

试验线路中部铺设含人工伤损的钢轨，两端应留有足够的加速和减速距离。

人工伤损轨采用新制60 kg/m钢轨，钢轨表面无锈蚀；引轨应采用同人工伤损轨同批采购的与人工伤损轨型号、材质、廓形、表面状态相同的钢轨。

（3）合格要求

GB/T 28426—2012《大型超声波钢轨探伤车》明确规定了超声波检测系统在试验线上的动态检测指标要求“系统检出率大于或等于80%，系统误报率小于或等于20%”。

2021年，为实现评定工作的标准化和规范化，中国国家铁路集团有限公司铁路基础设施检测中心发布了《钢轨探伤车超声检测系统年检评定细则（暂行）》，提高了动态测试的合格要求，平均人工伤损检出率合格要求为≥85%，平均人工伤损误报率≤15%，增加了对轨底人工伤损的检出要求，轨底人工伤损检出率为100%。

2.4.3　试验线伤损说明

GB/T 28426—2012《大型超声波钢轨探伤车》中规定的试验线人工伤损共有24个。2022年7月，新修订的国家标准GB/T 28426—2021《铁路大型养路机械　钢轨探伤车》开始实施，试验线人工伤损调整为190个。

新国标中试验线的人工伤损说明见表2-4。

表 2-4　人工伤损说明

序号	部位	人工伤损类型	数量（个/单侧）	描　述	模拟伤损/用途	针对的探头
1	轨头	平底孔（A01～A08）	8	自顶面斜钻直径4 mm、5 mm、6 mm、7 mm，前后向、内侧、左右股	轨头核伤	偏斜70°探头，二次波
		横孔（B01～B36）	18	直径3 mm、4 mm、5 mm，轨面下10 mm、12 mm、18 mm，孔长25 mm，左右股、内外侧	轨头核伤	内侧或外侧直70°探头，一次波
			18	直径3 mm、4 mm、5 mm，轨面下10 mm、12 mm、18 mm，孔长35 mm，左右股、内外侧	轨头核伤	内中或外中直70°探头，一次波

续表

序号	部位	人工伤损类型	数量（个/单侧）	描 述	模拟伤损/用途	针对的探头
1	轨头	横通孔（C01～C02）	2	直径4 mm，轨面下12 mm，左右股	轨端伤损	前或后内中外直70°探头，一次波
2	轨颚	半圆槽（D01～D06）	6	半径4 mm深2 mm、半径5 mm深4 mm、半径6 mm深6 mm，左右股、内外侧	轨颚横向裂纹	内侧或外侧直70°探头，一次波
3	轨腰	螺孔线切割（E01～E28）	22	1B、1C、2A、2D，长度3 mm、5 mm、8 mm，钢轨两端对称、左右股	螺孔斜裂纹	37°探头
3	轨腰	螺孔线切割（E01～E28）	6	3孔水平，长度3 mm、5 mm、8 mm，钢轨两端对称、左右股	螺孔水平裂纹	直探头、37°探头
		横孔（F01～F12）	12	ϕ4 mm、5 mm、6 mm、7 mm，距踏面56 mm、97 mm、136 mm，左右股	焊缝伤损	37°探头
4	轨底	半圆槽（G01～G03）	3	半径4 mm深2 mm、半径5 mm深4 mm、半径6 mm深6 mm，左右股	轨底横向裂纹	37°探头
合计	单股95个，双股190个					

2.4.4 B显图标与探轮通道的对应关系

B显图标见表2-5。

表 2-5 B 显图标

通道	图标	通道	图标
前外70°		后外70°	
前中心70°		后中心70°	
前内70°		后内70°	

续表

通道	图标	通道	图标
前0° 监视		后0° 监视	
前向XF		后向XF	
前向37°		后向37°	
前37° 轨底		后37° 轨底	
前侧打70°		后侧打70°	
前0° 底波		后0° 底波	
中0° 底波	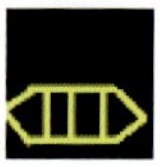		

2.4.5 试验线典型人工伤损图例

以上海局集团公司目前在用的GTC-80x型探伤车，在襄阳进行试用评审时的数据，对标定线的伤损图形进行解析说明。

（1）钢轨外侧轨颚半圆形伤损

此伤损模拟的是实际线路的外侧轨颚横向裂纹，考察探伤车对此类伤损的检测能力。

在标定线上存在R4H2、R5H4、R6H6三种类型，位于轨端的3个孔上方，在轨道的位置如图2-74蓝框所示。

钢轨探伤车的行进方向是从伤损钢轨布局位置图的右侧对应的轨端检测到左侧的轨端，因此我们先看到的是R4H2伤损对应的B显，接着是R5H4伤损对应的B显图，最后是R6H6。

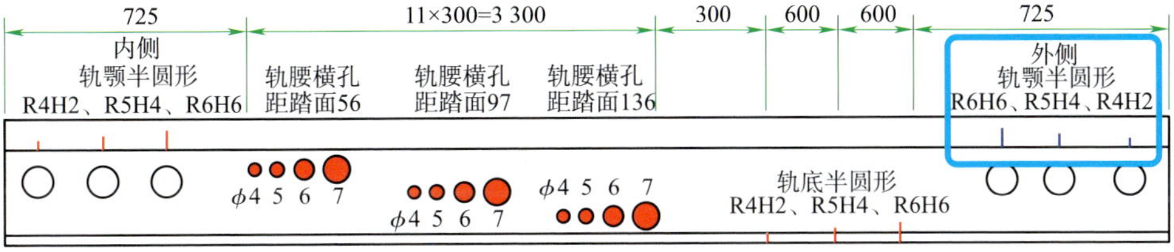

图 2-74 钢轨外侧轨颚半圆形伤损（单位：mm）

3个半圆形的伤损对应的超声B显图见表2-6。

表 2-6 钢轨外侧轨颚半圆形伤损 B 型图

伤损类型	描述	图形
R4H2伤损	出波点统计： 前外70°、后外70° 出波	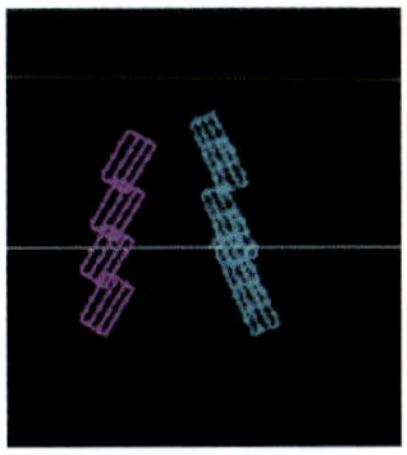
R5H4伤损	出波点统计： 前外70°、前中70°、后外70°、后中70° 出波	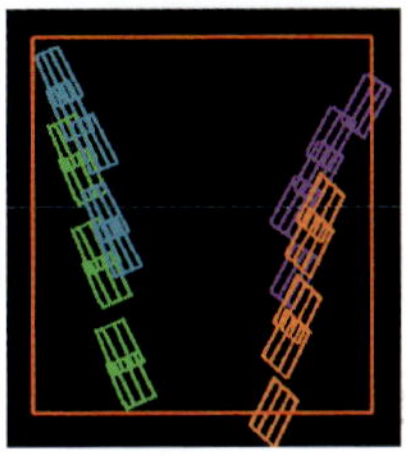
R6H6伤损	出波点统计： 前外70°、前中70°、后外70°、后中70° 出波	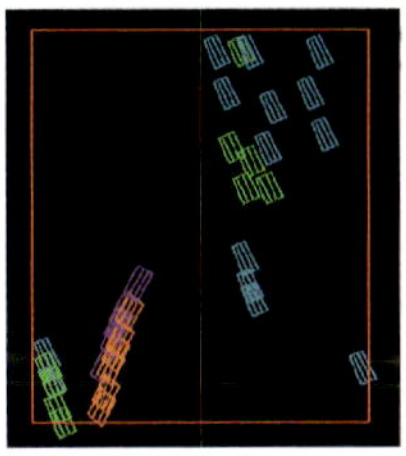

（2）钢轨内侧轨颚半圆形伤损

此标定线伤损模拟的是实际线路的内侧轨颚横向裂纹，考察探伤车对此类伤损的检测能力。

在标定线上存在R4H2、R5H4、R6H6三种类型，位于轨端的3个孔上方，在轨道的位置如图2-75蓝框所示。

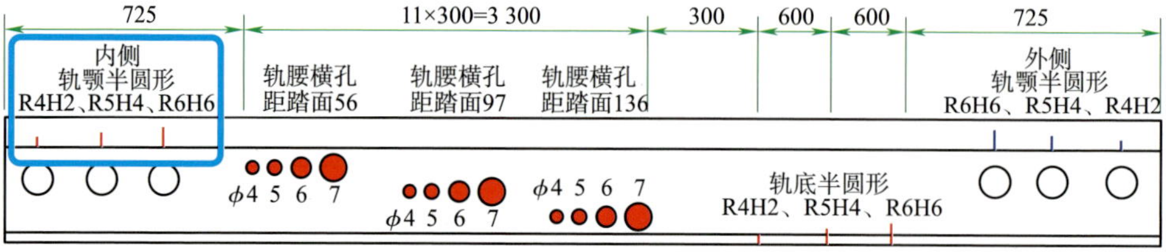

图 2-75　钢轨内侧轨颚半圆形伤损（单位：mm）

3个半圆形的伤损对应的超声B显图见表2-7。

表 2-7　钢轨内侧轨颚半圆形伤损 B 型图

伤损类型	描述	图形
R4H2伤损	出波点统计： 前内70°、后内70° 出没	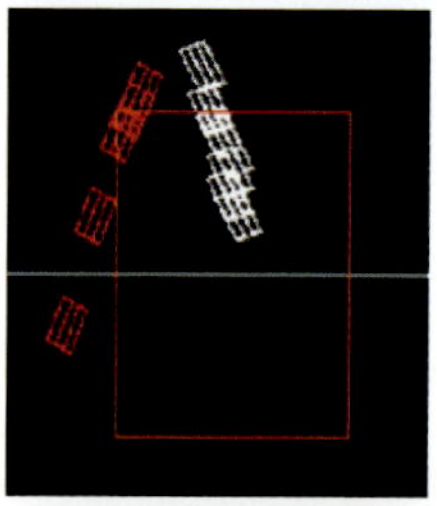
R5H4伤损	出波点统计： 前内70°、前中70°、后内70°、后中70° 出波	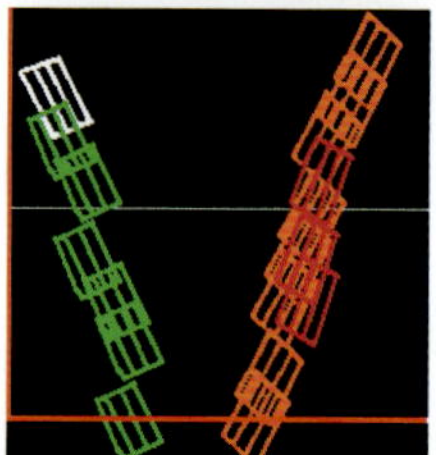
R6H6伤损	出波点统计： 前内70°、前中70°、后内70°、后中70° 出波	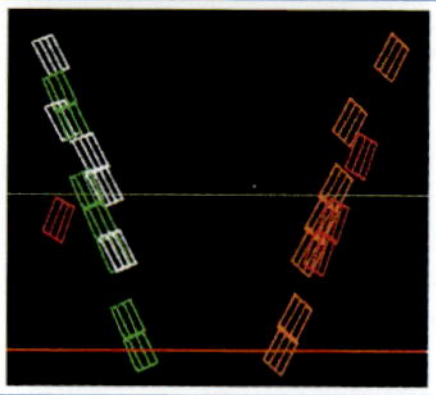

（3）轨头外侧横孔

此标定线伤损模拟的是实际线路的外侧或者外中侧轨头核伤，考察探伤车对此类伤损的检测能力。

在标定线上存在直径3 mm、4 mm、5 mm，轨面下10 mm、12 mm、18 mm，孔长25 mm、35 mm的伤损。在轨道的位置如图2-76蓝框所示。

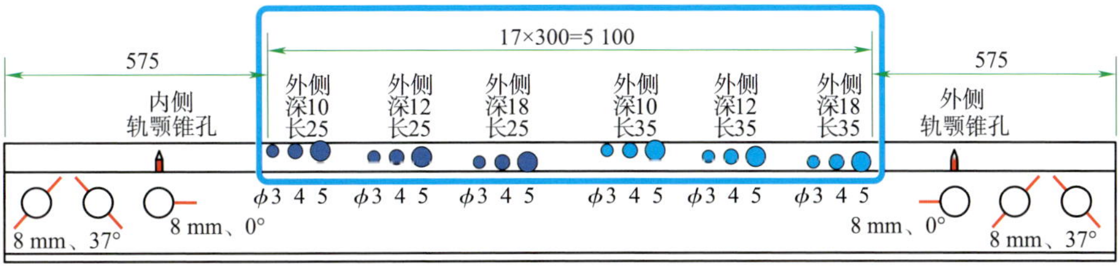

图 2-76　钢轨轨头外侧横孔伤损布局（单位：mm）

孔长35 mm的伤损B显缩略图如图2-77所示。

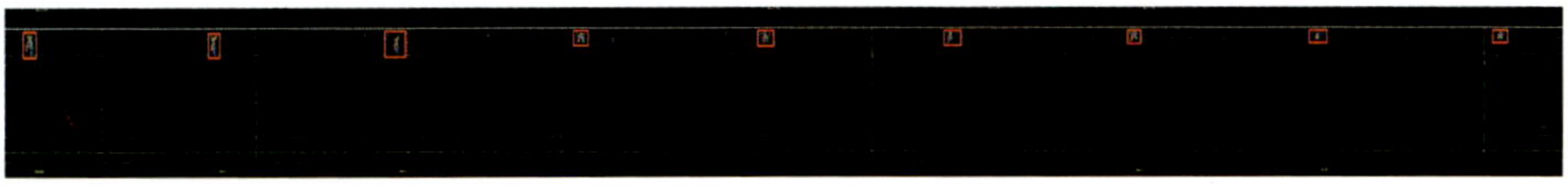

图 2-77　孔长 35 mm 的钢轨轨头外侧横孔伤损 B 型图

孔长25 mm的伤损的B显缩略图如图2-78所示。

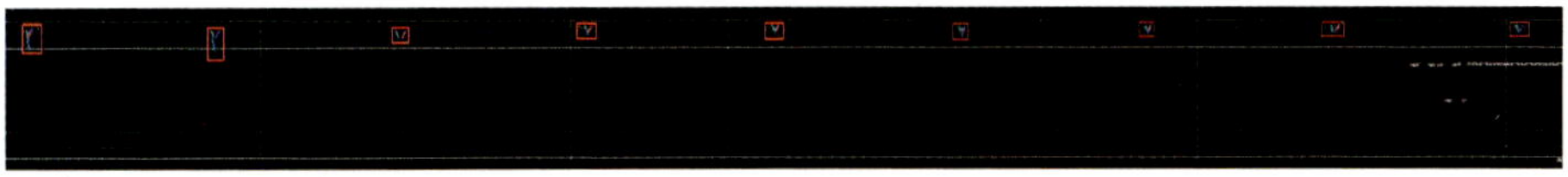

图 2-78　孔长 25 mm 的钢轨轨头外侧横孔伤损 B 型图

从上述B显可以看出长度越大、深度越深、孔直径越大，B显反射越多。长35 mm钢轨轨头外侧横孔伤损B型图见表2-8。长25 mm钢轨轨头外侧横孔伤损B型图见表2-9。

表 2-8　长 35 mm 钢轨轨头外侧横孔伤损 B 型图

伤损名称	描　述	图　形
长35 mm的伤损、深度12 mm的外侧横孔	此类伤损属于外侧、中心直70° 探头，一次波的探测范围	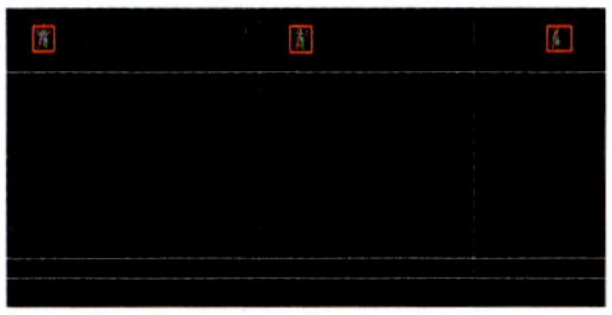

续表

伤损名称	描　述	图　形
长35 mm的伤损、深度12 mm的直径5 mm外侧横孔	出波统计： 前外70°、前中70°、后外70°、后中70° 出波	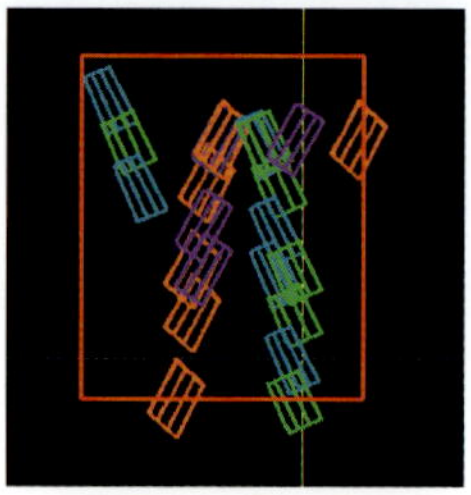
长35 mm的伤损、深度12 mm的直径4 mm外侧横孔	出波统计： 前外70°、前中70°、后外70°、后中70° 出波	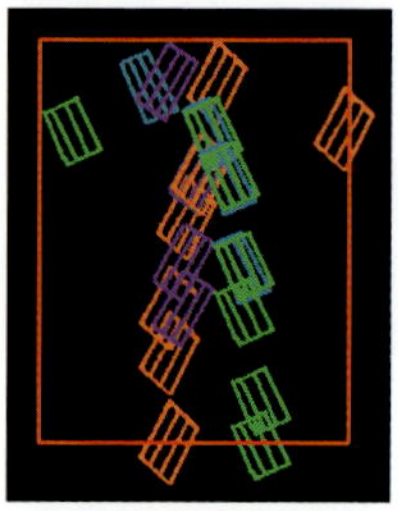
长35 mm的伤损、深度12 mm的直径3 mm外侧横孔	出波统计： 前外70°、前中70°、后外70°、后中70° 出波，出波弱于直径4 mm和5 mm的伤损	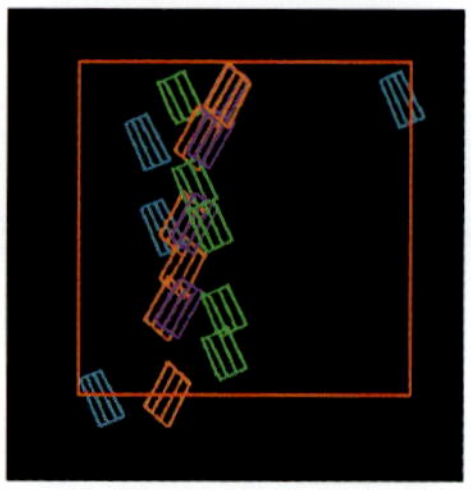

表 2-9　长 25 mm 钢轨轨头外侧横孔伤损 B 型图

伤损名称	描　述	图　形
长25 mm的伤损、深度18 mm的直径5 mm外侧横孔	出波统计： 前外70°、后外70° 出波	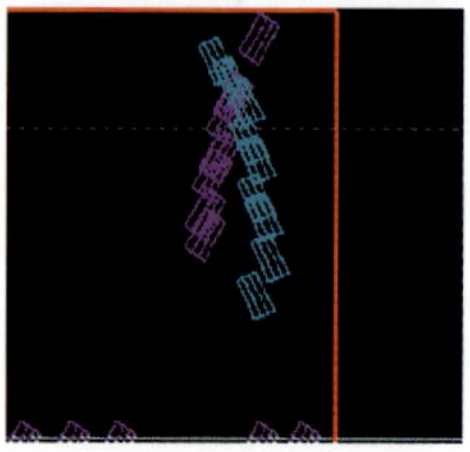

续表

伤损名称	描　述	图　形
长25 mm的伤损、深度18 mm的直径4 mm外侧横孔	出波统计： 前外70°、后外70° 出波	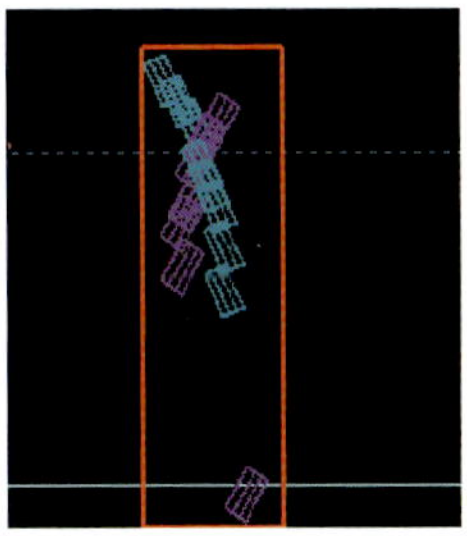
长25 mm的伤损、深度18 mm的直径3 mm外侧横孔	出波统计： 前外70°、后外70° 出波	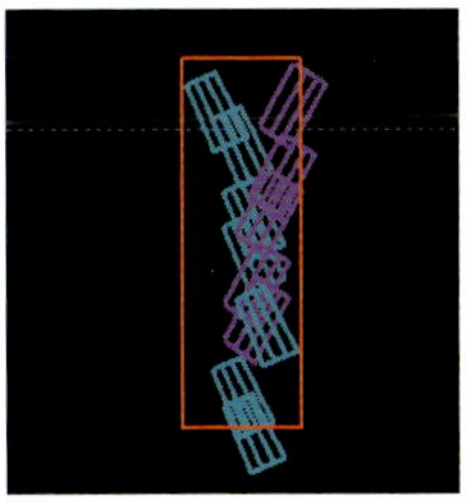

（4）轨头内侧横孔

此标定线伤损模拟的是实际线路的内侧或者内中侧轨头核伤，考察探伤车对此类伤损的检测能力。

在标定线上存在直径3 mm、4 mm、5 mm，轨面下10 mm、12 mm、18 mm，孔长25 mm、35 mm的伤损。在轨道的位置如图2-79蓝框所示。

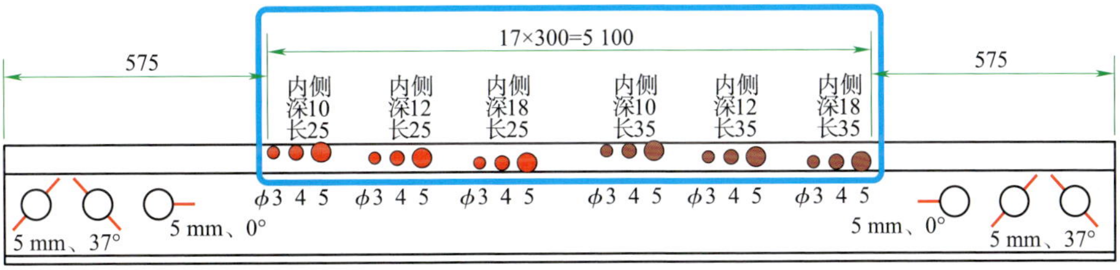

图 2-79　钢轨轨头内侧横孔伤损布局图（单位：mm）

长35 mm的伤损B显缩略图如图2-80所示。

长25 mm的伤损的B显缩略图如图2-81所示。

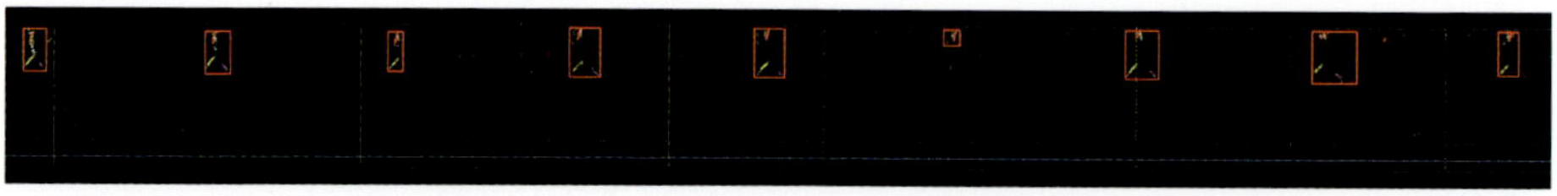

图 2-80　长 35 mm 的钢轨轨头内侧横孔伤损 B 型图

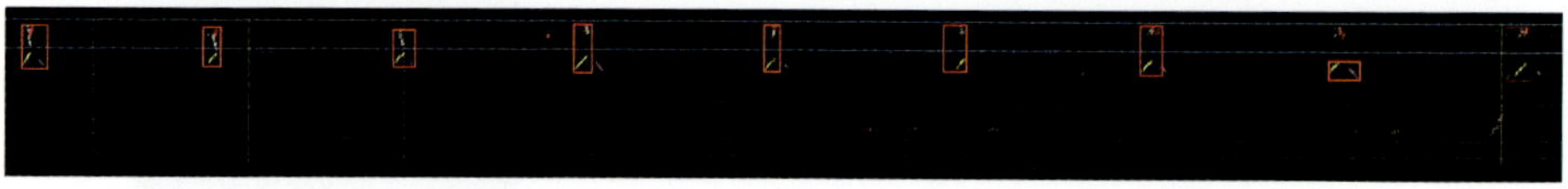

图 2-81　长 25 mm 的钢轨轨头内侧横孔伤损 B 型图

从上述B型图可以看出长度越大、深度越深、孔直径越大，B型图反射越多。长35 mm的钢轨轨头内侧横孔伤损B型图见表2-10。长25 mm的钢轨轨头内侧横孔伤损B型图见表2-11。

表 2-10　长 35 mm 的钢轨轨头内侧横孔伤损 B 型图

伤损名称	描　述	图　形
长35 mm的伤损、深度12 mm的内侧横孔	此类伤损属于内侧、中心直70° 探头一次波，内侧偏斜70° 二次波的探测范围	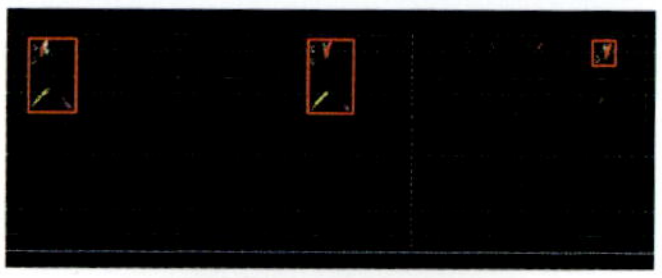
长35 mm的伤损、深度12 mm的直径5 mm内侧横孔	出波统计： 前内70°、前中70°、后内70°、后中70° 出波前向内偏斜70°，后向内偏斜70°	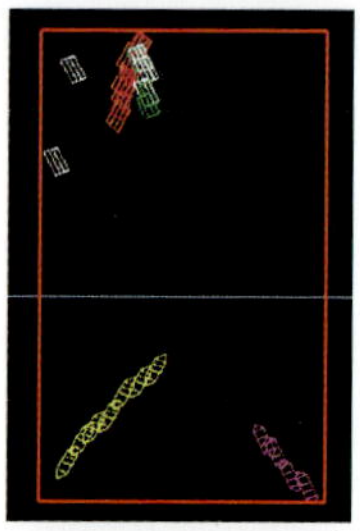
长35 mm的伤损、深度12 mm的直径4 mm内侧横孔	出波统计： 前内70°、前中70°、后内70°、后中70° 出波	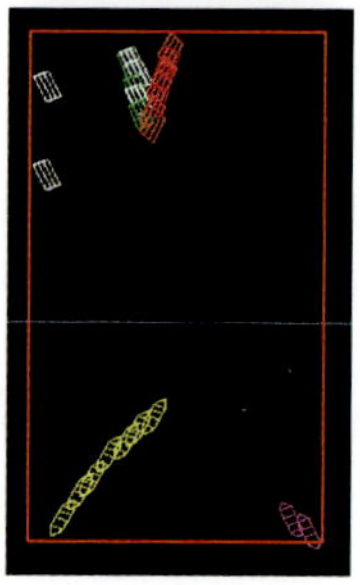

续表

伤损名称	描　述	图　形
长35 mm的伤损、深度12 mm的直径3 mm内侧横孔	出波统计： 前内70°、前中70°、后内70°、后中70°出波	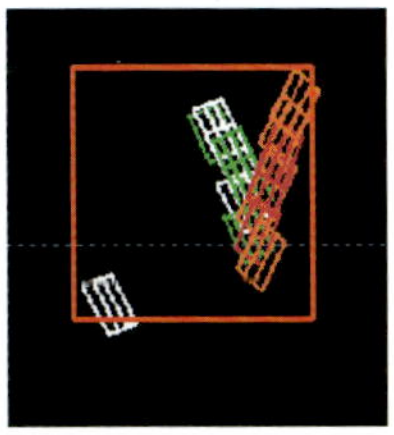

表 2-11　长 25 mm 的钢轨轨头内侧横孔伤损 B 型图

伤损名称	描　述	图　形
长25 mm的伤损、深度18 mm的直径5 mm内侧横孔	出波统计： 前内70°、后内70°、前内偏斜70°、后内偏斜70°出波	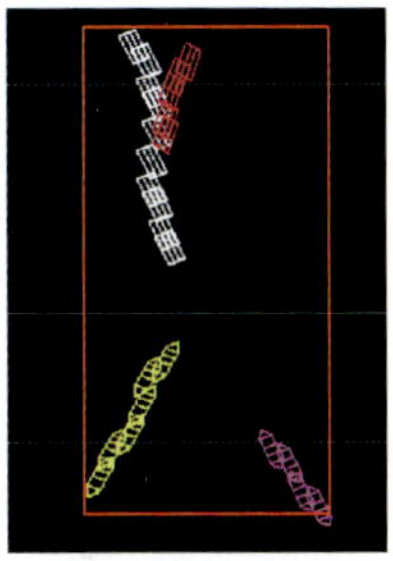
长25 mm的伤损、深度18 mm的直径4 mm内侧横孔	出波统计： 前内70°、后内70°、前内偏斜70°出波	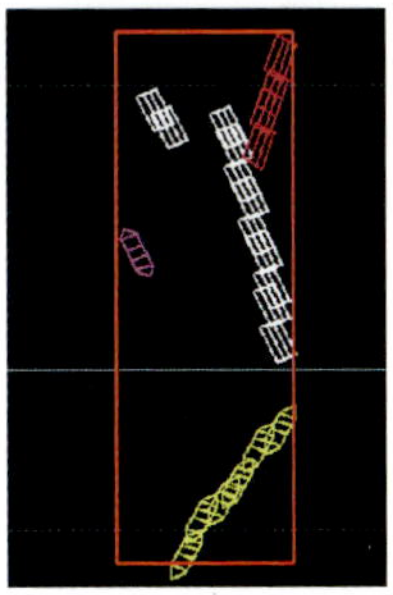
长25 mm的伤损、深度18 mm的直径3 mm内侧横孔	出波统计： 后内70°、前内偏斜70°、后内偏斜70°出波	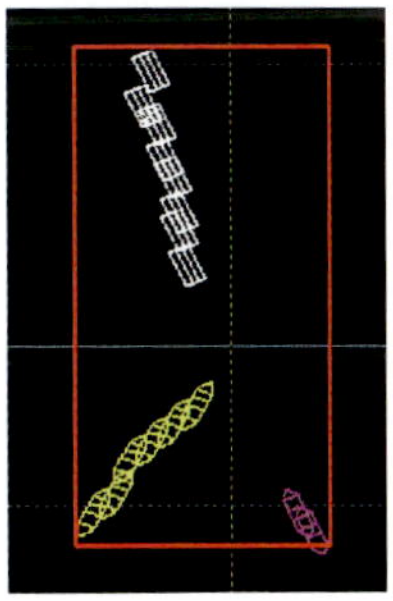

（5）轨头内侧斜孔

此标定线伤损模拟的是实际线路的内侧偏轨头端角的核伤，考察探伤车对此类伤损的检测能力。

在标定线上存在直径4 mm、5 mm、6 mm、7 mm的平底孔伤损。在轨道的位置如图2-82蓝框所示。

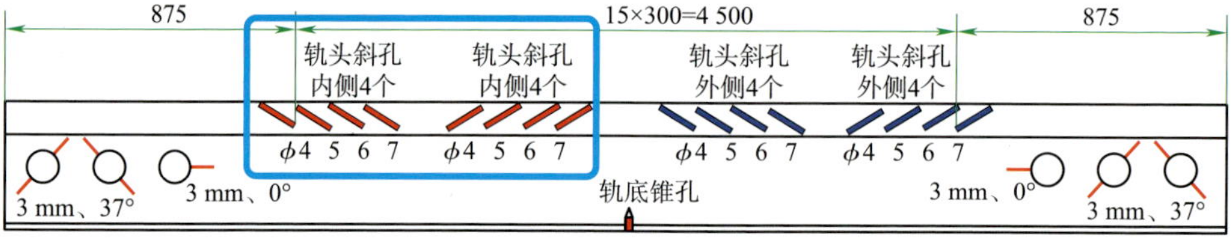

图 2-82　钢轨轨头内侧斜孔伤损布局（单位：mm）

钢轨轨头内侧斜孔B显缩略图如图2-83所示。因为此类伤损属于偏斜70° 探头二次波的检测范围，声程长，经过空间转换所形成的回波深度很深，因此回波都显示在轨头的下方。实际深度应当以轨颚线做对称轴，映射到轨表面下方。

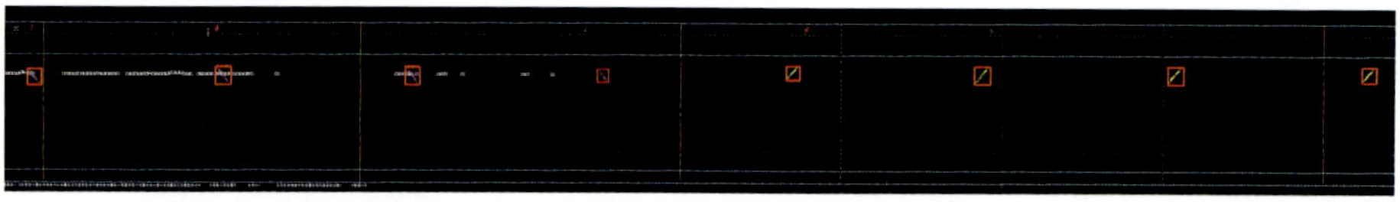

图 2-83　钢轨轨头内侧斜孔 B 型图

轨头内侧斜孔B型图见表2-12。

表 2-12　钢轨轨头内侧斜孔 B 型图

伤损名称	描　　述	图　　形
轨头斜孔	此类伤损属于内侧偏斜70° 二次波的探测范围	如图2-83所示
轨头前向斜孔直径为5 mm	出波统计： 前向内偏斜70°	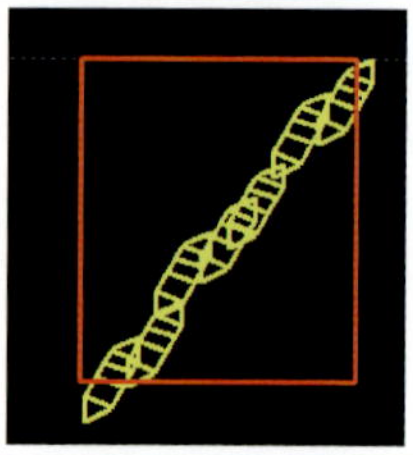

续表

伤损名称	描　　述	图　　形
轨头后向斜孔直径为5 mm	出波统计： 后向内偏斜70°（0° 出波，属于别的原因导致的杂波）	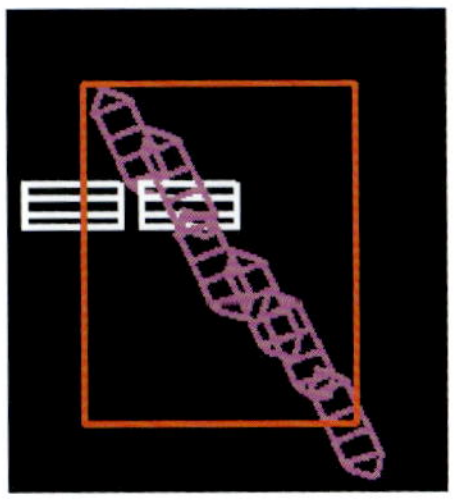

（6）螺孔斜切割

此标定线伤损模拟的是实际线路的螺孔斜裂纹，考察探伤车对此类伤损的检测能力。

伤损在钢轨上的布局位置说明如图2-84所示。

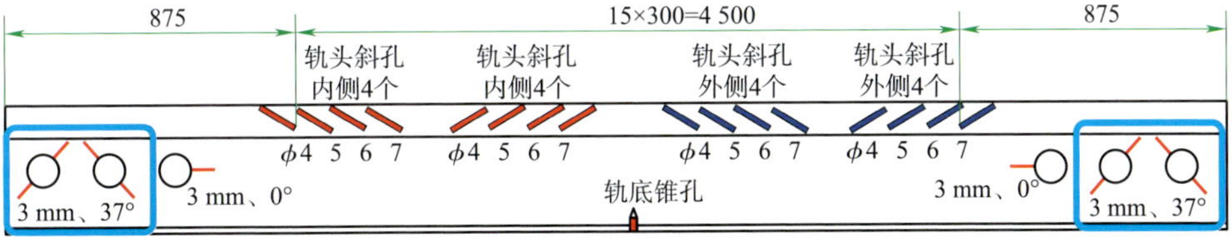

图 2-84　螺孔斜切割伤损布局（单位：mm）

第1、2、3三根轨上的两端都存在角度为37° 的螺孔斜切割，长度3 mm、5 mm、8 mm，钢轨两端对称。

左一左二孔斜切割线长度8 mm，右一右二孔斜切割线长度5 mm螺孔，对应的B显图如图2-85所示。

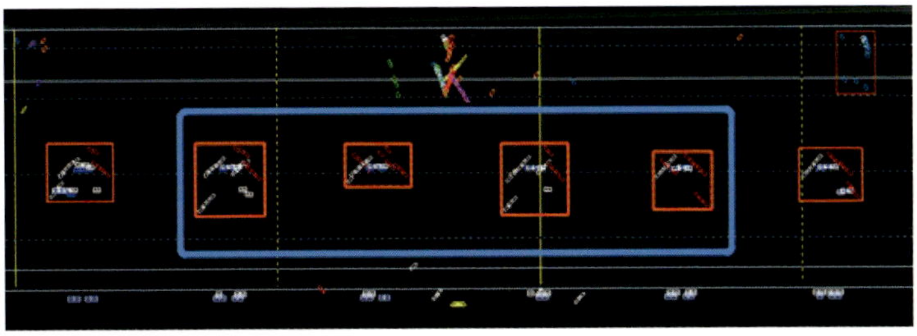

图 2-85　螺孔 B 型图（一）

左一左二孔斜切割线长度5 mm，右一右二孔斜切割线长度3 mm螺孔，对应的B显图如图2-86所示。

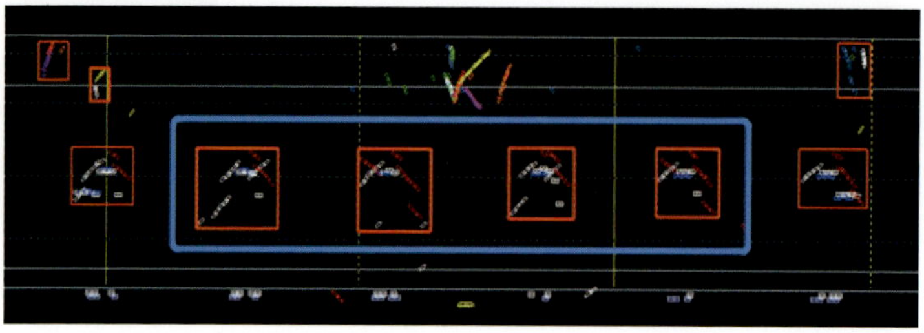

图 2-86　螺孔 B 型图（二）

从表2-13中，可以看出斜裂纹越长反射越多。倒打出波弱于直打。

表 2-13　螺孔斜裂纹伤损 B 型图

伤损名称	描　述	图　形
8 mm螺孔斜裂纹	存在上裂和下裂，前37° 通道出波	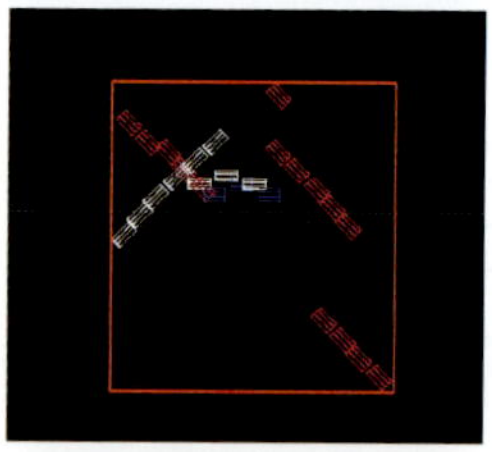
8 mm螺孔斜裂纹	存在上裂和下裂，后37° 通道出波	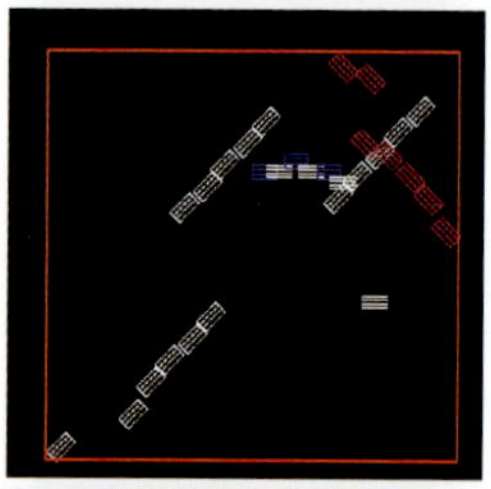
5 mm螺孔斜裂纹	存在上裂和下裂，前37° 通道出波	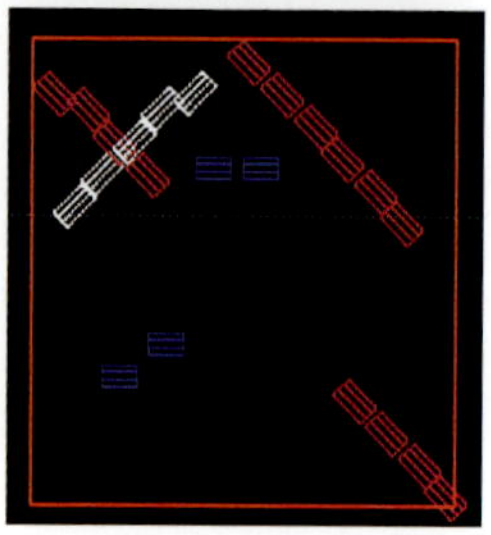

续表

伤损名称	描　述	图　形
5 mm螺孔斜裂纹	存在上裂和下裂，后37° 通道出波	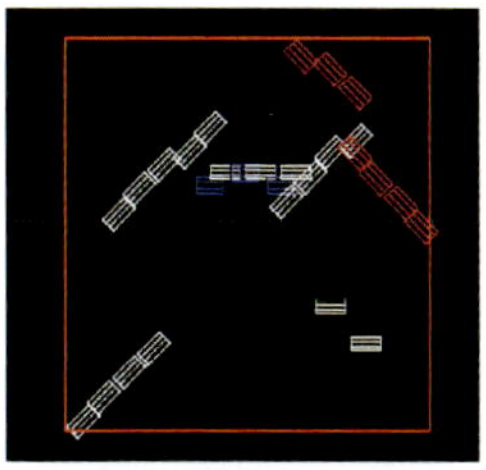
3 mm螺孔斜裂纹	存在上裂和下裂，前37° 通道出波	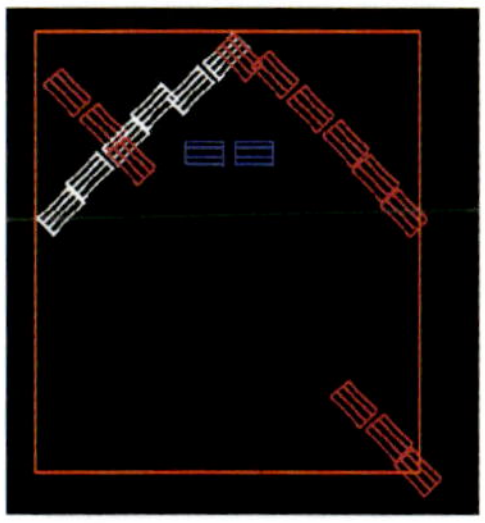
3 mm螺孔斜裂纹	存在上裂和下裂，后37° 通道出波	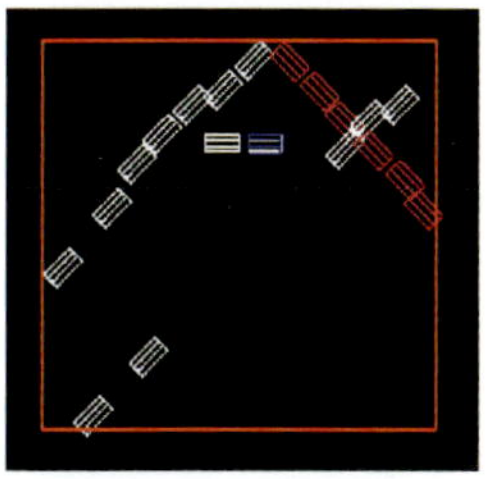
5 mm、3 mm一孔3象限出波	3象限出波均为倒打出波，出在接缝对称位置上。左边的前37° 出波为右侧1C位置3 mm斜裂纹的出波。右边的后37° 出波为右侧1C位置5 mm斜裂纹的出波	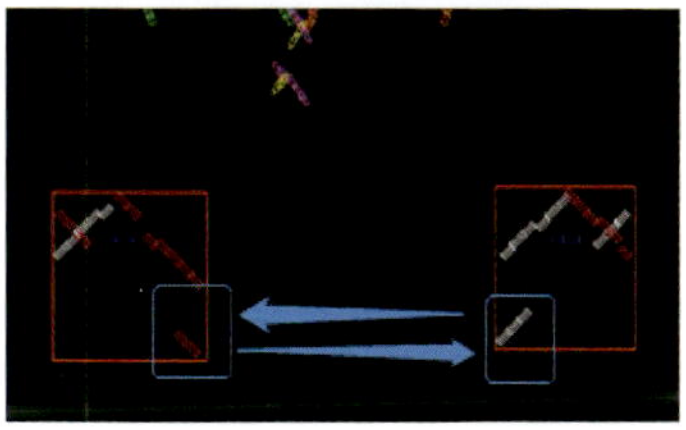
8 mm、5 mm一孔3象限出波	3象限出波均为倒打出波，出在接缝对称位置上。左边的前37° 出波为右侧1C位置5 mm斜裂纹的出波。右边的后37° 出波为右侧1C位置8 mm斜裂纹的出波	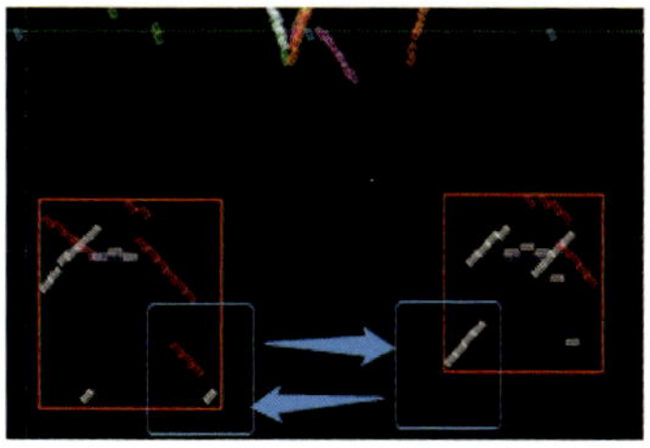

（7）螺孔水平裂纹

此标定线伤损模拟的是实际线路的螺孔水平裂纹，考察探伤车对此类伤损的检测能力。

伤损在钢轨上的布局位置说明如图2-87所示。

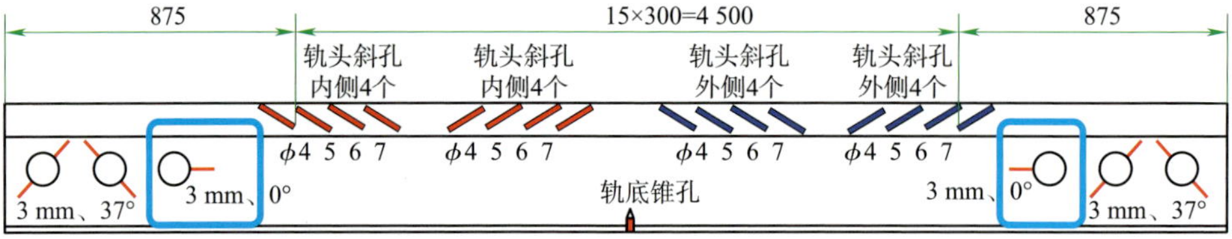

图 2-87　螺孔水平横孔伤损布局（单位：mm）

第1、2、3三根轨上都存在螺孔水平裂纹，长度3 mm、5 mm、8 mm，钢轨两端对称。

螺孔水平裂纹B型显示缩略图如图2-88所示，图中左侧蓝框是8 mm的水平裂纹出波，右侧蓝框是5 mm的水平裂纹出波情况。

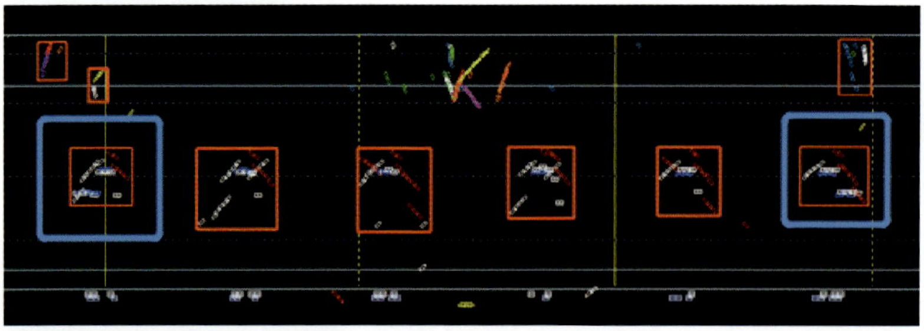

图 2-88　螺孔水平裂纹 B 型图

从表2-14可以看出，螺孔水平裂纹，在水平方向存在0° 通道的反射波，但由于螺孔孔壁和水平裂纹之间存在夹角，37° 入射波在此位置形成了端角反射，也存在少量回波。裂纹越长，0° 通道出波越多，但37° 因为形成的端角面不变，出波基本不变。

表 2-14　螺孔水平裂纹 B 型图

伤损名称	描　述	图　形
8 mm螺孔水平裂纹1	出波情况： 前0°通道、后0°通道、前37°通道存在出波	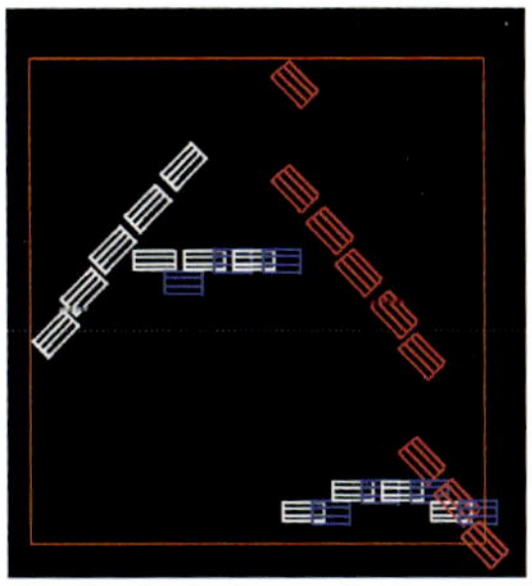
8 mm螺孔水平裂纹2	出波情况： 前0°通道、后0°通道、后37°通道存在出波	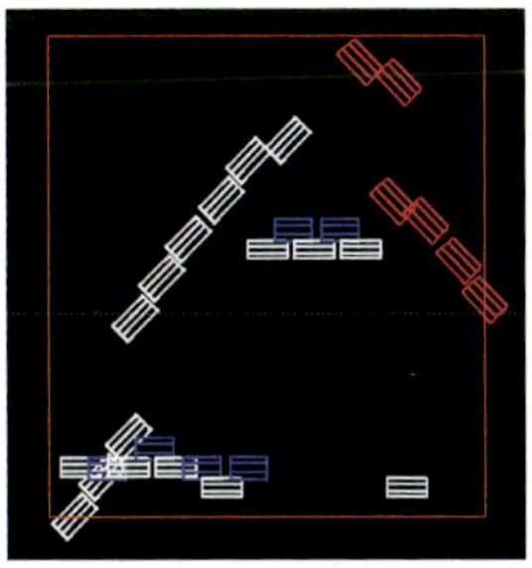
5 mm螺孔水平裂纹1	出波情况： 前0°通道、后0°通道、前37°通道存在出波	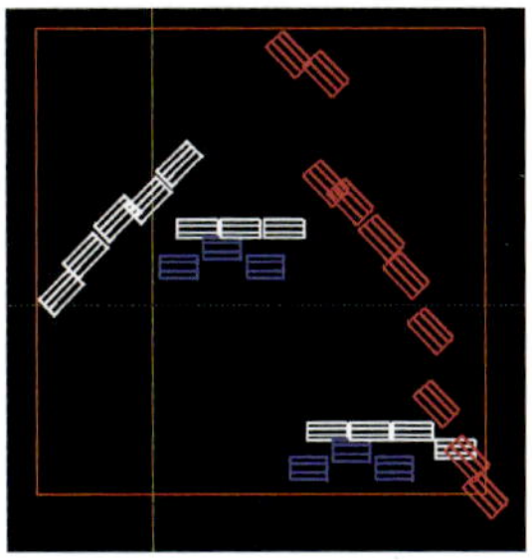
5 mm螺孔水平裂纹2	出波情况： 前0°通道、后0°通道、后37°通道存在出波	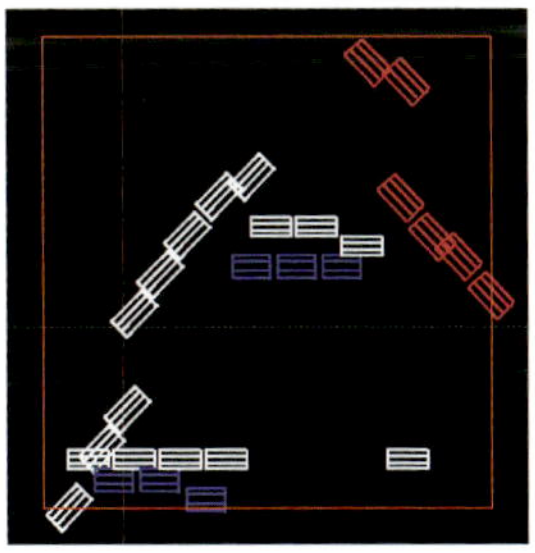

续表

伤损名称	描　述	图　形
3 mm螺孔水平裂纹1	出波情况： 前0°通道、后0°通道、前37°通道存在出波	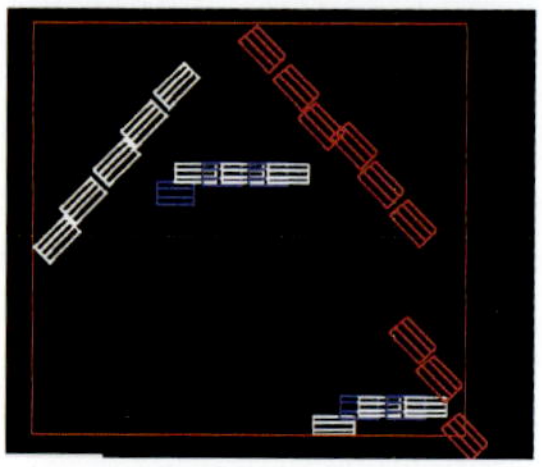
3 mm螺孔水平裂纹2	出波情况： 前0°通道、后0°通道、后37°通道存在出波	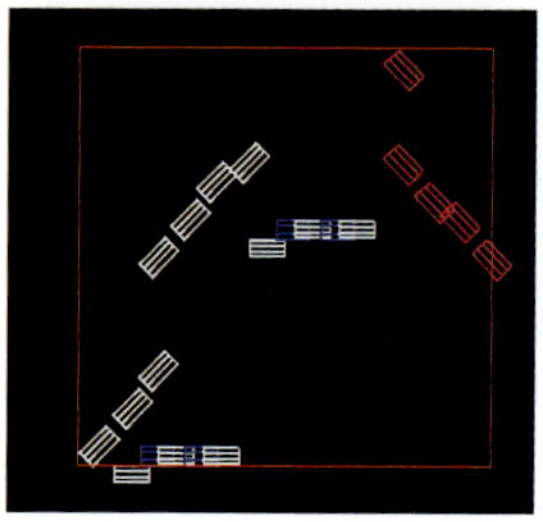

（8）轨腰横孔

此标定线伤损模拟的是实际线路的焊缝伤损，考察探伤车对此类伤损的检测能力。伤损在钢轨上的布局位置说明如图2-89所示。设置的横孔直径分别为4 mm、5 mm、6 mm、7 mm，距踏面56 mm、97 mm、136 mm。

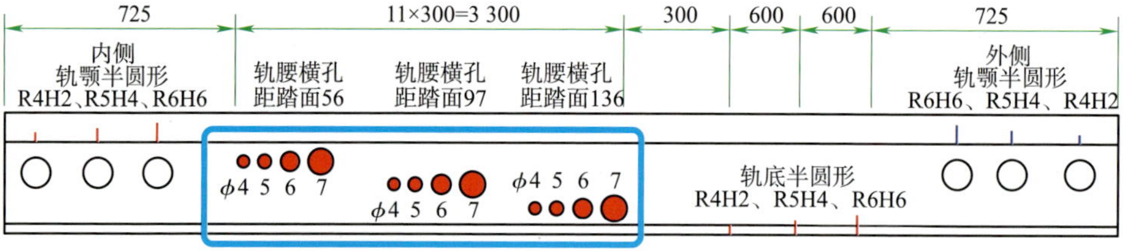

图 2-89　轨腰横孔伤损布局（单位：mm）

对应的轨腰横孔的B型显示缩略图如图2-90所示。同深度，孔越大回波点越多。距离踏面越远，反射越少。轨腰横孔B型图见表2-15。

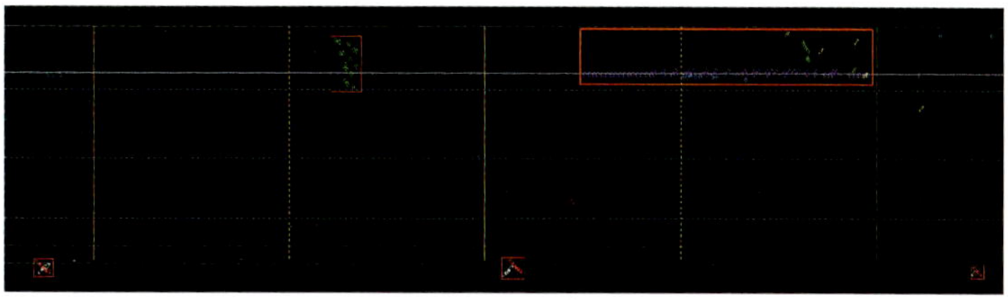

图 2-90　轨腰横孔 B 型图

表 2-15　轨腰横孔 B 型图

伤损名称	描　述	图　形
直径为5 mm距踏面56 mm的横孔	出波情况： 前中心70°，后中心70°，前0°，后0°，前37°，后37°通道出波（后外70°通道的出波是其他原因导致的）	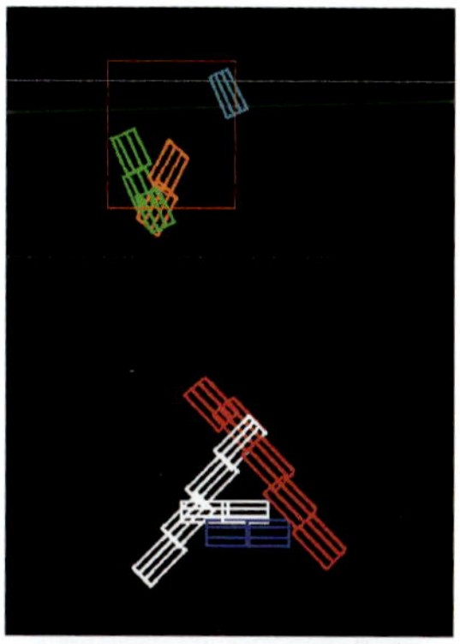
直径为6 mm距踏面97 mm的横孔	出波情况： 前0°，后0°，前37°，后37°通道出波	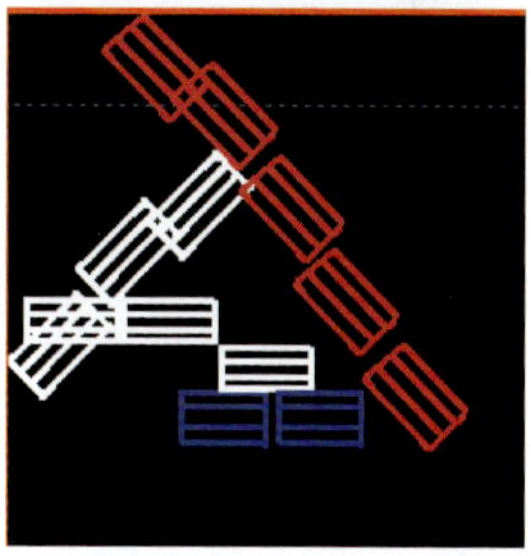
直径为7 mm距踏面136 mm的横孔	出波情况： 前37°，后37°通道出波	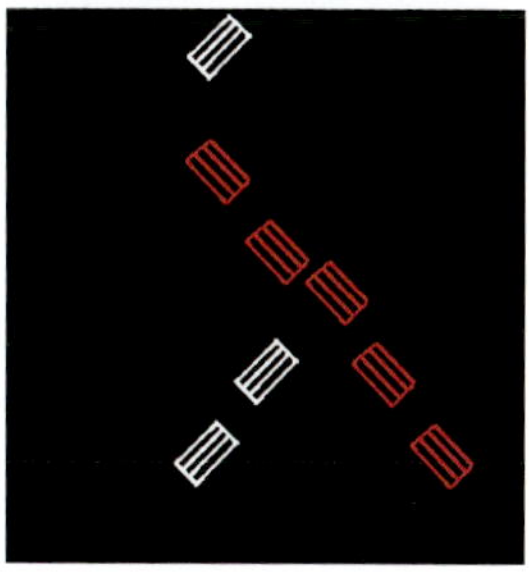

（9）轨底横向刻槽

此标定线伤损模拟的是实际线路的轨底横向裂纹，考察探伤车对此类伤损的检测能力。伤损在钢轨上的布局位置说明如图2-91所示。人工伤损的尺寸分别为半径4 mm深2 mm（R4H2）、半径5 mm深4 mm（R5H4）、半径6 mm深6 mm（R6H6）。轨底横向刻槽伤损B型图如图2-92所示。

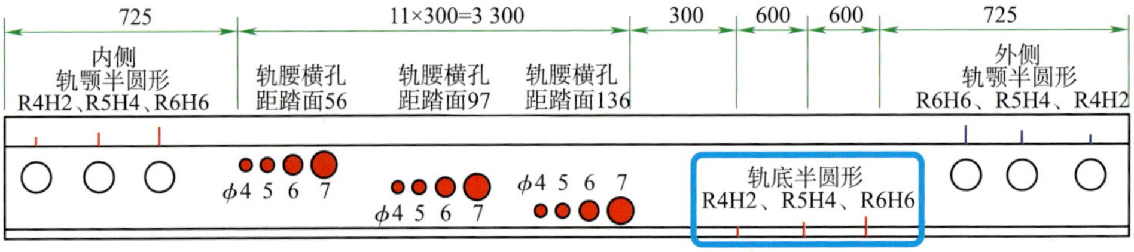

图 2-91　轨底横向刻槽伤损布局（单位：mm）

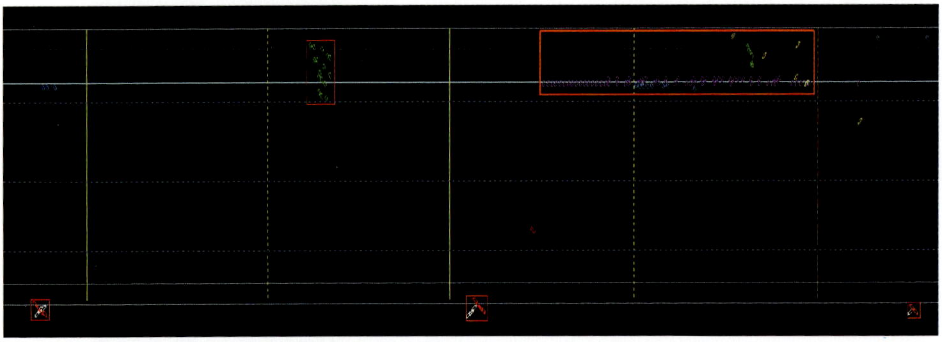

图 2-92　轨底横向刻槽伤损 B 型图

轨底横向刻槽是因为37° 通道的入射波在轨底及横向刻槽部位形成端角反射，产生反射波，再经过空间转换，从而形成了对应的B显回波点。因为端角反射的缘故，声程超过轨底，所以最终呈现的回波都处于轨底以下，见表2-16。

表 2-16　轨底横向刻槽超声波 B 型显示放大图

伤损名称	描　述	图　形
R6H6伤损	出波情况： 前37° 轨底、后37° 轨底出波	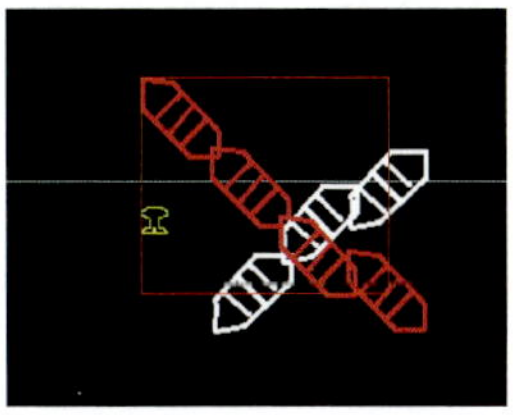
R5H4伤损	前37° 轨底、后37° 轨底出波	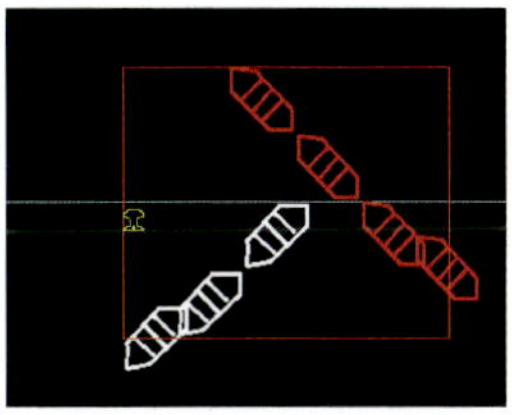
R4H2伤损	前37° 轨底、后37° 轨底出波	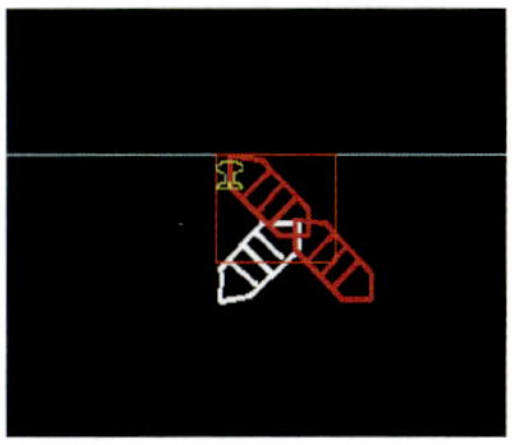

第3章 钢轨探伤作业

3.1 钢轨探伤车运行及安全

GTC-60型钢轨探伤车是由牵引车和检测车通过自动车钩及风挡连接而成的车组，整个车组前后端设有正副司机台、行车仪表、开关及操作手柄等，可双向行驶、双向操纵。

3.1.1 出乘携带资料

探伤车出乘时应随车携带以下资料：

（1）有关行车及安全规章；

（2）探伤车司机手册；

（3）探伤车技术说明书；

（4）探伤车备品明细表；

（5）探伤车组车辆探伤合格证；

（6）探伤车年检合格证；

（7）制动部件检验合格证；

（8）运行区段列车时刻表；

（9）三项安全设备检验合格证；

（10）正、副司机的驾驶证；

（11）检测人员上岗证。

3.1.2　出车前检查保养

探伤车出车前应做好各项准备工作，对车辆、发电机组、检测系统等部件，按照使用说明书的要求及其他有关规定进行检查和保养，确保探伤车运行、检测各部件安全。包括但不限于以下内容：

（1）发动机、发电机系统；

（2）空气制动系统；

（3）车辆走行部；

（4）车辆连接部及车钩缓冲器；

（5）照明、供电系统；

（6）通信信号、喇叭等设备；

（7）检测系统中液压、气动、耦合水系统及探伤小车机械部件；

（8）检测系统中电子、计算机系统及轮式探头；

（9）检查车下巡检装置及其螺丝紧固状态。

3.1.3　运行中注意事项

探伤车检测运行时应遵照有关规定运行，并按探伤车作业指导书、探伤车使用说明书及各专业的操作手册、维修手册要求操作。包括但不限于以下内容：

（1）观察仪表指示，随时注意各部件是否有异常。

（2）探伤作业时，根据检测需要调整探伤车车速，如发现线路及设备异常情况应立即停车处理，并及时通知有关部门。

（3）巡查发动机、发电机、风泵、水、液压系统等。

（4）监视探伤小车或转向架系统运行状态。

（5）根据线路状况及时调整检测系统参数及状态。

其中，探伤车驾驶操作方面包括但不限于以下内容：

（1）按规定进行制动性能试验。

（2）动车前，经司机确认由副司机松开手制动、撤除止轮器，将止轮器放到指定位置并关好车门。

（3）发动机起动后，开启GYK并进行自检，确认GYK技术状态良好。

（4）动车前，司机和副司机必须对行车凭证、各种行车信号及线路开通情况确认复核，执行要道还道制度。

（5）运行中精力集中，严格执行操作规程，按机车监控装置所设定的运行速度驾驶。严格执行TB/T 3059—2009《车机联控标准》规定的“彻底瞭望、确认信号、高声呼唤、手比眼看”。注意观察各仪表及空气制动系统、发动机、传动、走行部分运行状态。

3.1.4　作业后检查保养

探伤车检测运行结束作业后，应按照探伤车使用说明书的要求对探伤车各个系统进行检查保养。包括但不限于以下内容：

（1）对发动机、发电机、走行部、检测系统进行日常保养；

（2）加满耦合水和生活水；

（3）做好防溜保护措施；

（4）进行数据备份、整理及回放，给出探伤报告，做好记录。

3.1.5　安全注意事项

探伤车上的新工作人员必须进行安全教育并经考试合格方可上岗。

司机、检测人员、机械人员应做好行车日志、检测日志，对发现的发动机、发电机、制动、走行、油箱、检测设备及其他安全有关的总成、部件有异常时，要及时记录、处理并报告有关部门。交接班时要交接行车日志，并对检测设备、车辆及备品情况进行交接。

（1）安全防护

检测过程中临时停车换轮时应做好车辆制动并设专人防护；较长时间停车检修并在车下作业时，白天应在探伤车两端插红旗或红色反光牌，夜间两端悬挂红灯或插红色反光牌，并设专人防护。

探伤车应配足有效的消防器具、安全防护用品（安全鞋、头盔、防护服、手套等）、应急药箱、防护红灯、防护反光牌等。

（2）信号确认

运行中，司机需要同时在前端瞭望线路确认信号，密切注意地面信号的变化，当地面信号和机车信号不一致时，必须以地面信号为准。如因维修临时停车，司机不得全部离岗，留岗司机负责收集安全信息并向全车发布安全警报。当维修完成时，司机需要确认所有人员都上车或人员远离探伤车并处在安全区域后方能再次启动行车。

（3）速度控制

停留20 min的探伤车开车前，司机必须进行制动试验，列车管压应不低于500 kPa；行驶长大下坡时，应适时使用制动机，防止超速及放飏，并不得熄灭发动机或采用空档溜放；检测行车过程中，司机还应注意检测限速，防止因超速产生无效检测数据。

（4）故障处置

运行中，本务探伤车严禁关闭监控装置。当监控装置发生故障无法恢复时，司机应按照《铁路技术管理规程》和各铁路局《行车组织规则》的要求及时向车站和列车调度员报告，同时在《探伤车工作日志》上做好记录，方可关闭有故障的设备，停止探伤检测。根据实际情况（用车载台与前方站保持联系）掌握运行速度，维持运行至前方站停车修理，性能恢复后，方可继续运行检测。

由于车辆机械故障不能继续运行，或由于其他原因在区间被迫停车时，司机及检测相关人员应立即排除，争取在规定的时间内到达前方站。如因检测相关机械部件损坏不能继续执行检测，需要停止检测并固定好检测相关的机械设备，车辆没有问题的情况下可以继续行车，但需根据实际情况限速运行，并要做好安全监控。如车辆因故障不能排除或发生事故，司机应立即采取防溜措施，保压制动，拧好手制动机，两端用止轮器止轮制动。司机应迅速做好防护和故障处理工作。

（5）制动防溜

在车站或专用线停车待备时，必须采取保压制动。发动机熄火等待时，要做好防溜、防护措施，司机不允许离车，非司机人员在非紧急情况下未得司机允许不得进行制动、缓解等操作。

在转站、专用线停留及过夜时，必须采取防溜措施，拧好人力制动机，双止轮器双向止轮，止轮器要安好压实，加锁防盗，并在车组前后两端以双面红色信号灯或反光红色标牌防护。在通知调度并留下联系方式后，所有人员可以到就近公寓食宿、休息。停车过夜在第二天早8点前无紧急情况不得转线作业，司机及行车检测负责人需保证电话畅通。

（6）联挂作业

探伤车联挂检测时，联挂工作由副司机负责指挥，联挂完毕后，必须进行全列制动试验，确认制动性能良好，方可行车。编组（编组数量应小于4辆），应将功率大或重载车编在前端，前端第一位探伤车为行车的本务机，各车司机间应加强联系。

（7）防火工作

车内严禁吸烟，电气设备必须保持良好状态。电源及炉灶周围不得堆放杂物，严禁乱拉电线、乱接电气。禁止使用电加热器（俗称“热得快”）

烧水。严禁使用明火预热发动机、油箱、油管及不熄火时使用油棉丝布擦拭发动机。车内必须配备二氧化碳和水型灭火器各5具，每具不低于4 kg。灭火器具应便于摘取。使用配属单位应按消防部门的有关规定对灭火器具进行定期检查，保证作用有效。

探伤车内因生产、生活用火时，必须采取防火措施。车内取暖时，选用电加热取暖器、空调或有安全装置的低压取暖炉，各种炉具应固定牢固。

（8）其他禁止要求

严禁利用探伤车进行调车或从事与检测功能无关的作业。

探伤车禁止编挂旅客列车。

列车运行时，严禁将垃圾等杂物抛向车外。

探伤车严禁携带易燃、易爆、有毒化学物等危险品。其他安全注意事项按部、局相关规定执行。

非工作人员不得操作检测设备。工作人员不得在检测系统计算机上进行与工作无关的操作。软盘、U盘等存储介质在插入计算机系统前，必须进行杀毒操作。探伤车应配备经国家有关部门行政许可的杀毒软件，严防计算机系统受病毒侵害。

3.1.6 禁止使用情况

探伤车有以下情况之一者，禁止使用：

（1）发动机无力或有异响；

（2）传动部分不良、有异响、保安装置失效，液力传动系统压力异常；

（3）车轴有裂纹、车轴轴箱温升超过规定或有异响等现象；

（4）车轮有裂痕、碾堆、踏面剥离、掉块、擦伤超限（限度按货车车辆有关规定）；

（5）车辆轮对内侧距离超过1 353 mm±3 mm容许限度，轮轴发生相对位移；

（6）车架任何部件有横裂纹、弯曲，影响行车安全；

（7）制动或基础制动保安装置不良；

（8）前后照明或风笛失效；

（9）自动车钩“三态”作用不良，车钩、舌、销磨损超限；

（10）螺栓松动、销子脱落、机件弯曲、裂纹或其他缺陷；

（11）三项安全设备故障及安全防护备品不齐全或失效。

3.2 TKGT-Ⅰ型探伤作业系统基本操作

3.2.1 日常检查

在每天检测开始前，对探伤系统硬件、软件、探轮、辅助系统进行开机、状态检查，确认探伤系统具备正常工作状态。主要检查内容及检查表如图3-1和表3-1所示。

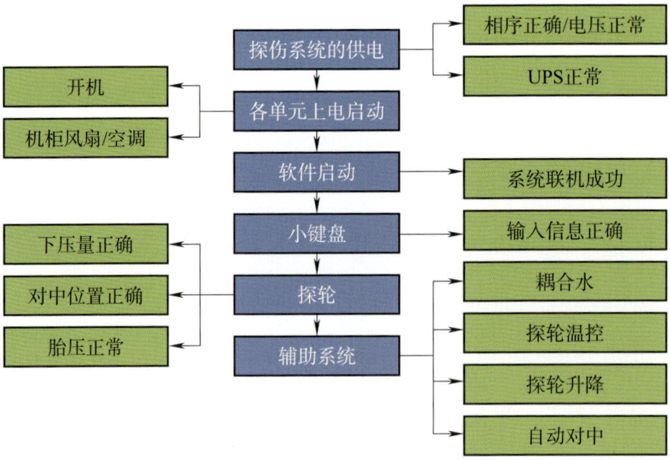

图 3-1　钢轨探伤作业系统日常检查内容

表 3-1 钢轨探伤系统（超声系统）日常维护检查表

检测车号：________ 检测人员：________ 检测日期：________ 检测地点：________ 天气及环境温度：________

序号	检查内容		检查结果		故障描述	处理结果	备注
	项点	合格标准	正常	故障			
1	供电电压	相序表相序正确，电压范围：220 V（1±10%）					
2	机柜空调工作状态	COOL 灯显示红色，温度正常显示，无报警声					
3	探伤系统 UPS 工作状态	状态指示灯为绿色，无报警声					
4	探伤系统电源模块工作状态	+3.3 V、+5 V、+12 V、−12 V 状态灯为绿色					
5	探伤系统工控机工作状态	工控机状态灯为蓝色，开机后正常进入 Windows 系统					
6	探伤系统联机	Display 软件状态栏为绿色，显示“系统正常运行”					
7	示波器工作状态	示波器正常启动后，在 Display 软件界面循环切换 A 显通道，示波器显示对应的 A 显波形					
8	小键盘工作状态	探伤系统联机后，在小键盘上输入里程标识“12321”和标识“车站”，在探伤系统 B 显界面显示对应的信息					
9	编码器工作状态	正（反）向转动编码器，B 显显示车速和“F”（“R”）					
10	温控柜工作状态	POWER、SYSTEM RUNNING 绿灯亮，温度正常显示，循环压力：200 ～ 300 kPa					
11	探轮轴承、外模及胎压	用手盘动探轮，探轮旋转无卡滞。外模无明显损伤。用手按压探轮，能够感到明显反弹力					
12	耦合水喷洒	无堵塞，喷洒水面呈扇形，喷洒于探轮中心位置					
13	电机动作	手动拨动摇杆，电机随摇杆方向正常动作					
14	探轮下压量	探轮落到钢轨上后，探轮下压量为 90±2 μs					
15	探轮对中	探轮落到钢轨上后，同一侧探轮的 0 度底波随					

3.2.2 系统上电

探伤作业前需要为探伤系统上电，上电过程涉及3个模块、9个步骤，如图3-2所示。

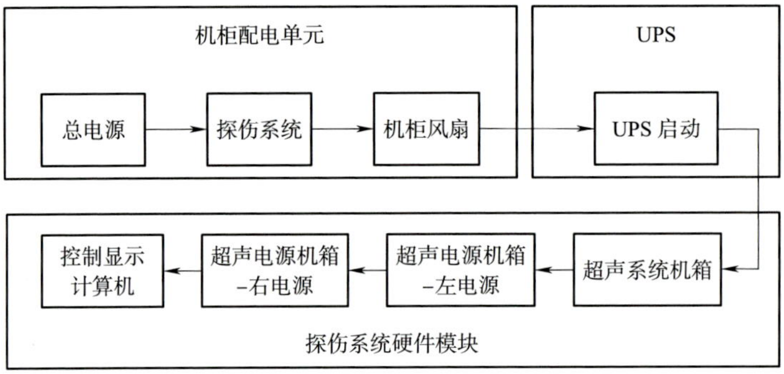

图 3-2 探伤作业系统上电顺序

（1）机柜配电单元

机柜配电单元由若干断路器（空开）构成，如图3-3所示。配电柜提供探伤检测系统所需要的各种交流电源，包括总电源、耦合水加热器、电机变压器、探伤系统、机柜风扇、防冻单元、探轮温控柜、PLC柜、耦合水泵、监控、照明等。

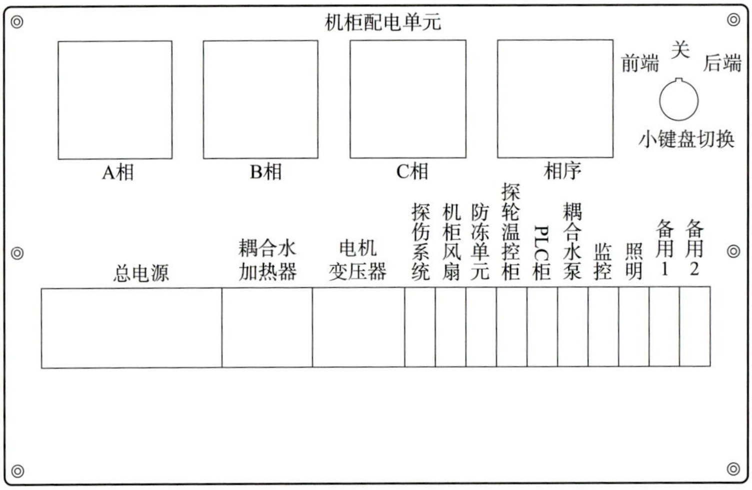

图 3-3 机柜配电单元

其中，“探伤系统”空开为UPS供电，探伤系统使用的交流电全部经过UPS净化。“机柜风扇”空开为机柜顶部的风扇供电，控制机柜内气流为探伤系统的电子元器件降温。

（2）UPS启动

“探伤系统”空开闭合后，如果电源电压正确会听到UPS发出轻微的“砰”上电声。按压UPS前面板的启动按钮，启动UPS电压输出。

（3）探伤系统硬件启动上电

UPS输出电压后，按顺序启动探伤系统的各硬件模块。

3.2.3 系统联机

探伤系统上电成功后，用户可在操作台看到控制显示计算机已进入Windows操作系统。

双击Windows桌面RFDC图标启动探伤检测软件。软件启动后自动与探伤系统下位机进行联机初始化，用户可在软件窗口右下角的状态栏看到初始化状态。当探伤系统联机不成功时，状态栏底色为红色。当探伤系统联机成功，状态栏底色变为绿色，并显示文字“系统初始化成功”，如图3-4所示。

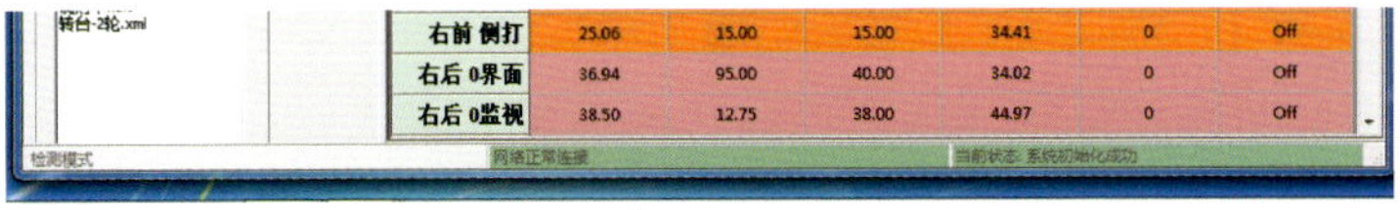

图 3-4 探伤系统联机状态

3.2.4 探轮对中调节

为保证入射到钢轨内的超声波的有效覆盖范围，探轮的0° 声束中心线需要与钢轨轨腰中心线对齐。

探伤系统在单侧钢轨上布置了3个探轮，但探轮支承机构的水平调节只能使3个探轮同步水平运动。因此，需要调整3个探轮在燕尾槽的安装位置，使3个探轮的初始对中位置形成一条直线且与钢轨平行，此操作就称为探轮对中调节，如图3-5所示。

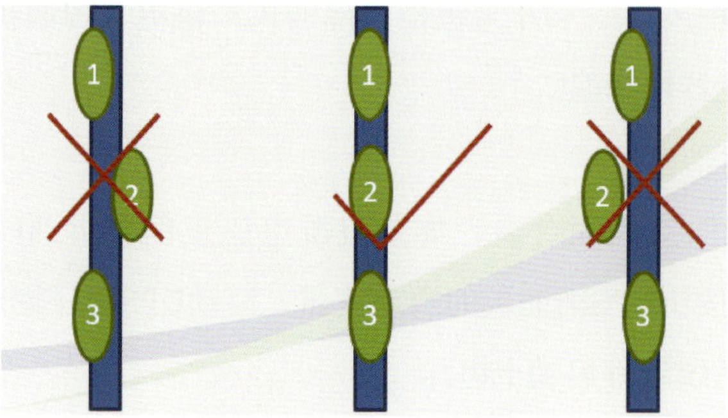

图 3-5　探轮对中调节示意

探轮对中调节的基本原理是利用钢轨0° 底波波幅变化趋势找到探轮与钢轨中心线对齐位置。探轮从钢轨一侧向钢轨另一侧移动时，0° 底波波幅会呈现由小变大再变小的过程，当底波波幅最高时，就可以认为探轮处于对中位置。探轮对中调节原理如图3-6所示。

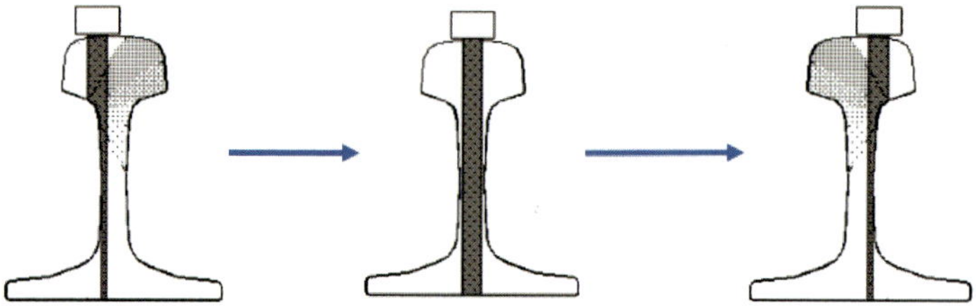

图 3-6　探轮对中调节原理

探轮对中调节步骤：

（1）依次将同一侧3个探轮的0° 底波最高波幅调整为80%；

（2）操作对中摇杆调节探轮水平位置，将探轮从钢轨内侧向钢轨外侧连续移动；

（3）观察3个探轮的0° 底波变化，观察底波是否同时到达最高值；

（4）如果各探轮底波不同时到达最高值，则根据探轮移动方向判断3个探轮的相对位置关系；

（5）根据探轮相对位置关系，调节探轮在燕尾槽内的安装位置；

（6）继续重复第（2）~（5）步，直至3个探轮的0° 底波同时到达最高值。

3.2.5 探轮下压量调节

探轮以一定压力压在钢轨表面，以保证在高速运转中探轮与钢轨的相对位置，如图3-7所示。

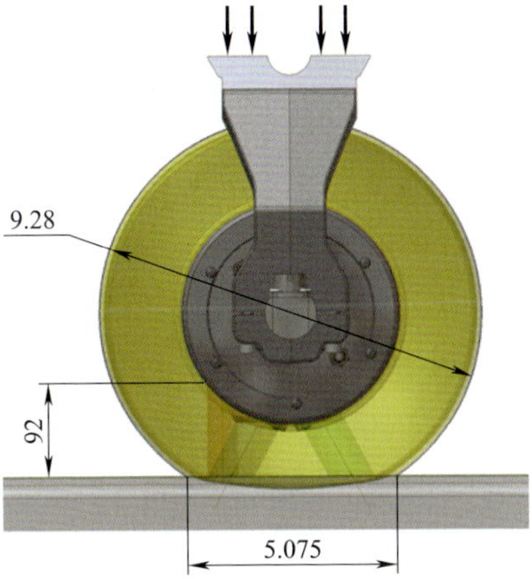

图 3-7 探轮与钢轨的相对位置示意（单位：mm）

利用0° 探头超声波被钢轨表面反射的特性，将探轮下压量转换为超声发射与钢轨界面反射波之间的声程，可以从A显波形中方便地测量探轮下压量（92 μs），如图3-8所示。

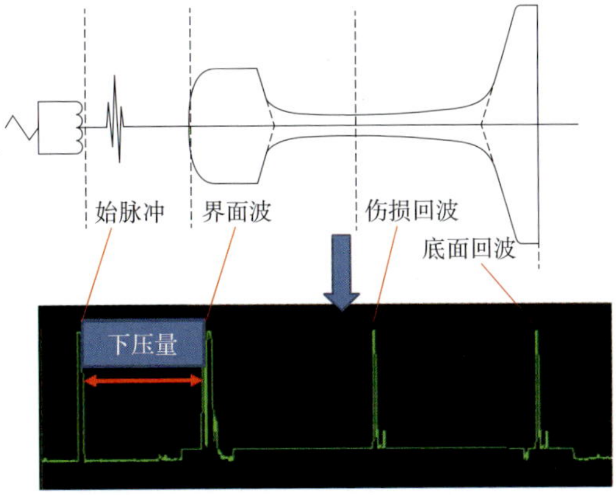

图 3-8 A 显中的探轮下压量

探轮下压量调节可通过PLC轨面板上的气缸压力调节阀（图3-9）调节，调节方法为：

（1）把调节阀的旋钮拔出，处于可调节状态；

（2）顺时针旋转为增大压力，探轮下压量增大，声程减少；

（3）逆时针旋转为减少压力，探轮下压量减小，声程增大；

（4）一边调节一边观察A显，调节完毕后，将旋钮压紧。

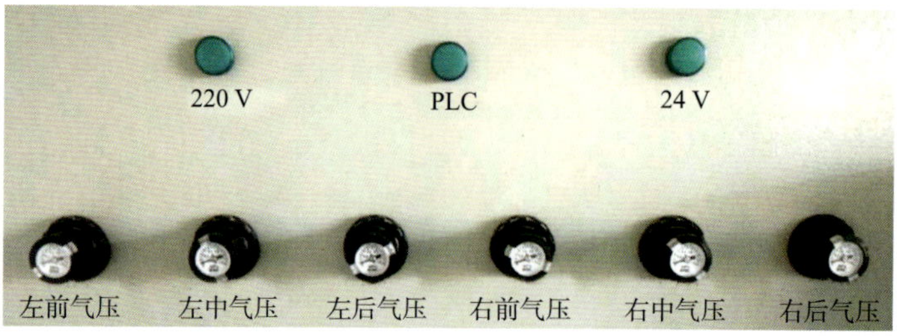

图 3-9　探轮下压量调节阀

3.2.6　闸门参数设置

为对超声波在一个周期内传播路径的特定时间段进行增益设置和分段观察，将超声波的一个周期内的传播时间划分出若干时间片段，每个时间片段称为1个“闸门”。一个超声波通道可以设置多个闸门，如0°通道有3个闸门（图3-10）：界面闸门、监视闸门、底波闸门。

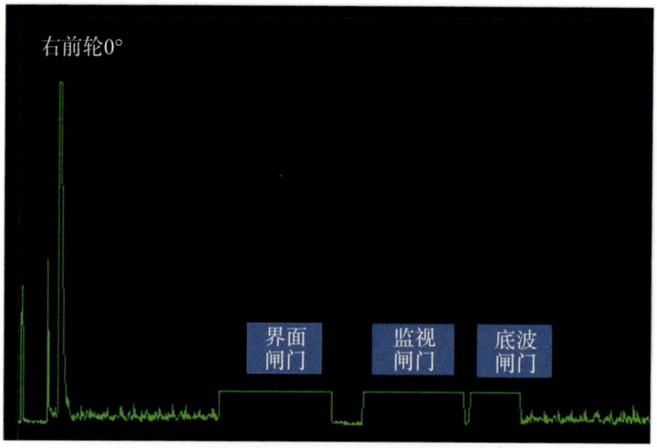

图 3-10　闸门示意

每个闸门有6个控制参数：

增益：设置闸门内超声波信号的放大倍数，单位为dB；

闸门延迟：以超声波进入钢轨的时刻为0时刻，闸门开始的时刻记为闸门延迟时刻，单位为μs；

闸门宽度：表示闸门的持续时间，单位为μs；

阈值：闸门内捕捉信号的高度值，单位为%；

抑制：闸门内不显示信号的高度值，单位为%；

闸门开关：控制闸门是否生效。

（1）增益的调整

以dB为单位的超声波信号放大倍数，提高增益回波幅度将随之增高，有利于发现小伤损，但是过高的增益会带来不必要的噪声信号。增益的调整需在检测过程中根据B显中显示的杂波状态进行增加或减少，基本原则是尽可能地提高增益，使超声波通道的B显保持“成点不成线”的状态。

（2）闸门延迟、闸门宽度的调整

闸门延迟、闸门宽度与钢轨轨型关联，探伤系统内预留了各种轨型的闸门参数，在检测线路轨型发生变化时可方便切换。

（3）阈值、抑制的调整

虽然阈值、抑制保留了调整功能，但为了探伤系统操作习惯的一致性，在检测中无须调整阈值、抑制参数，使用探伤系统默认数值即可。

（4）闸门开关的调整

闸门开关在默认状态下都是打开状态，以保证超声信号的有效采集。但在探轮外膜被扎破后无法正常使用、通道异常时可将闸门关闭，避免系统采集过多的异常杂波。

3.2.7　空间参数设置

由于探伤系统在钢轨纵向方向的不同位置上布置了多个超声波探头，

为使钢轨上同一个伤损反射的不同超声波通道的信号相互间进行对齐，需要将各超声波通道的信号进行一定的偏移调节，此偏移调节的参数即称为空间参数，如图3-11所示。

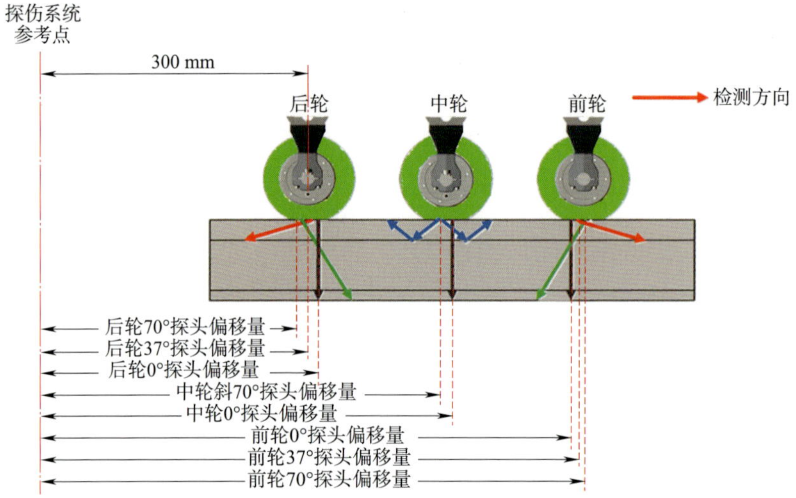

图 3-11　空间参数示意

空间参数的参考点为后轮后方300 mm处，各超声波通道的空间参数均以参考点计算偏移量，在探伤系统生成检测数据时会自动将此偏移量考虑到B显数据中，以保证最终的检测结果中各通道之间相互对齐。在探伤系统界面有空间参数调节界面，可方便地进行数值修改。空间参数调整后，通常根据钢轨中的固有结构反射图形判断是否调整合理，图3-12是空间参数调整良好的螺孔和钢轨接头的B显图形。

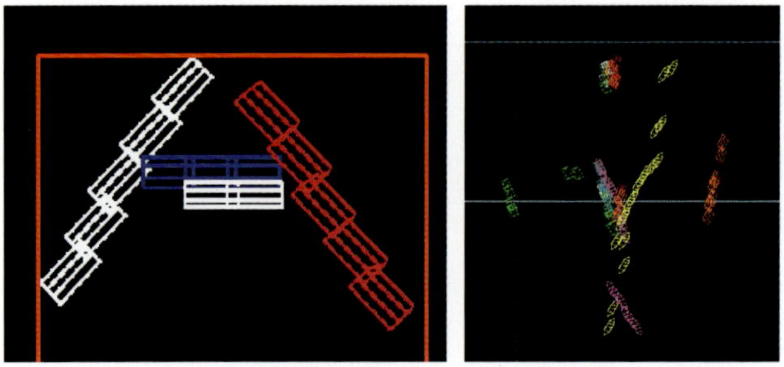

图 3-12　探伤检测数据中螺孔和钢轨接头 B 显图形

3.2.8 系统关机

完成探伤作业及探伤数据拷贝后，用户可关闭探伤系统。关闭探伤系统分为关闭检测软件、系统断电两个步骤。

（1）关闭检测软件：点击探伤检测软件右上角的关闭按钮，关闭软件。

（2）探伤系统断电：探伤系统断电的顺序与上电顺序相反。

3.2.9 常见故障处理

（1）探伤系统联机不成功。

当启动探伤检测软件后，等待超过3 min仍不能成功联机，请尝试以下步骤解决：

①关闭探伤检测软件，等待10 s，重新启动探伤检测软件。

②重新启动探伤检测软件也不成功。请将探伤系统的硬件模块断电，等待60 s，再将探伤系统上电。重新上电后，启动探伤检测软件。

③重新启动探伤系统硬件也不能成功联机，请联系厂家技术人员解决。

（2）UPS没有电压输出。

按压UPS前面板的启动按钮后，UPS没有电压输出。请按照以下顺序检查：

①检查配电柜相序表，确认电源输入是否正常。

②检查配电柜断路器，确认断路器已正常闭合。

③若前两项检查正常，长按UPS的启动按钮5 s，听到UPS发出“滴”的声音时松开按钮，此时为UPS电池输出电压。

④若UPS电池输出电压正常，请从机柜后部检查UPS的220 V电源输入插头。若UPS电池输出电压不正常，UPS可能已损坏，请联系厂家技术人员解决。

⑤若UPS电池输出电压正常，UPS的220 V电源输入插头也正常，可能是配电柜断路器发生故障。请具有电工资质的人员检查断路器或联系厂商

技术人员解决。

（3）UPS启动后状态灯显示红灯，发出“滴滴”报警声。

按压UPS前面板的启动按钮后，UPS进行自检，当自检不通过时显示红色状态灯和报警声。

问题原因：UPS内置电池损坏。

解决办法：更换内置电池。

（4）显示速度异常。

开始检测后无B显数据，进程窗口显示速度为0 km/h。按照以下顺序排查故障：

①检查“里程定位系统”面板上的编码器电源、编码器信号的拨动开关是否同时打在了“主编码器”或“备用编码器”。若不是，请将2个拨动开关打入“主编码器”或“备用编码器”上。

②打开探伤系统机柜的后柜门，查看编码器信号的接线端子排是否有线缆松脱。若有，则用改锥将线缆安装进端子排。安装时注意线缆上的信号定义要与端子排的信号定义一致。

③操作探伤检测软件的A显切换功能，查看A显波形显示是否异常，如无A显波形、波形零电平升高等。若有A显波形的异常显示，则可能是超声系统机箱内的通道选择板故障。更换通道选择板需要探伤系统全部断电，拔插线缆接头时注意按住接头外壳，不要用力拉扯线缆。

（5）A显波形的零电平升高。

故障原因：超声系统机箱内的通道选择板故障，需更换备件。

更换通道选择板需要探伤系统全部断电，拔插线缆接头时注意按住接头外壳，不要用力拉扯线缆。

（6）70 V电压异常。

70 V电源只有1台显示正常输出70 V，另1台显示输出为0 V。按照以下顺序排查故障：

①请将探伤系统的硬件模块断电，等待60 s，再将探伤系统上电。

②重新上电后，启动探伤检测软件。观察70 V电源面板显示的电压输出数值，若观察到“数值上升后又恢复到0 V”或“电流大于0.4 A”，则可能是有发射卡损坏。

③按照以下方法定位故障的发射板：

打开探伤系统机柜的后柜门，观察超声系统机箱上安装的发射卡电源指示灯，若电源指示灯连续闪烁“红色”，则表示此发射卡故障。

④更换故障的发射卡。拔插线缆接头时注意按住接头外壳，不要用力拉扯线缆。

3.3　TKGT-Ⅰ系统回放软件基本操作

3.3.1　软件功能简介

该软件主要用于探伤检测数据的回放，包括对检测数据的检索，检测数据的回放与显示，伤损的分类，生成检测报告和探伤日志，对超声波B显图及增益闸门参数的回放显示与打印等功能。

3.3.2　运行环境

硬件设备要求：

（1）计算机硬件的最低要求为2.4 GHz主频，1 GB RAM和40 GB硬盘；

（2）16位以上且分辨率为1 600 × 1 280的彩色及双端口显卡；

（3）分辨率至少为1 280 × 1 024的彩色显示器2个；

（4）USB2.0端口。

支持软件：推荐在Windows 7及以上操作系统运行。

3.3.3 软件登录

软件安装完成第一次启动时，将出现图3-13所示界面，需要正确输入注册码后，软件才可以进一步使用。软件的注册需要另外一个专用的注册软件运行在同一台电脑上生成一个注册码，然后输入到图3-14所示界面。

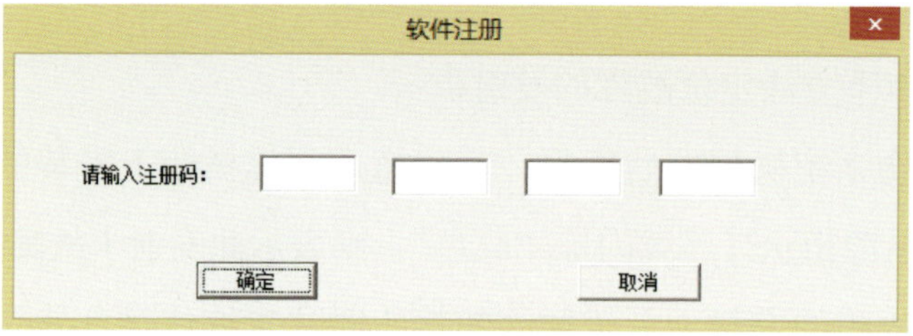

图 3-13　注册界面

（1）软件启动

双击钢轨探伤系统控制显示软件启动图标，弹出图3-14所示登录窗口。

（2）用户注册

如果需要注册新用户名，则单击登录窗口的“用户注册”按钮，在弹出的新用户注册对话框的文本框中输入新用户名（图3-15），再单击“注册”按钮，弹出添加用户名成功对话框，单击“确定”按钮，返回用户登录界面，新用户名注册成功。也可以在新用户注册对话框中单击“取消”按钮，取消本次的新用户注册。

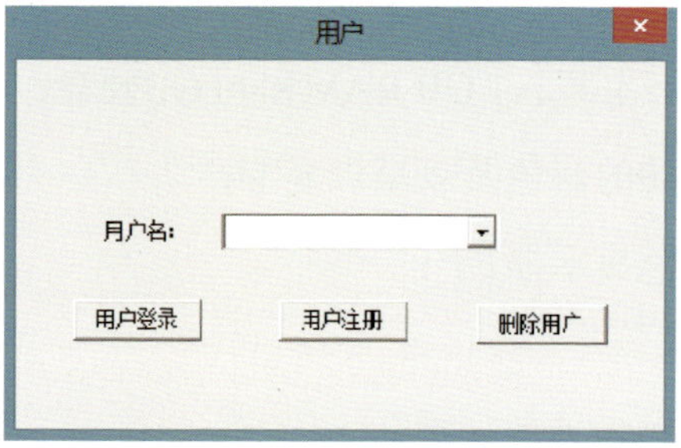

图 3-14　登录窗口

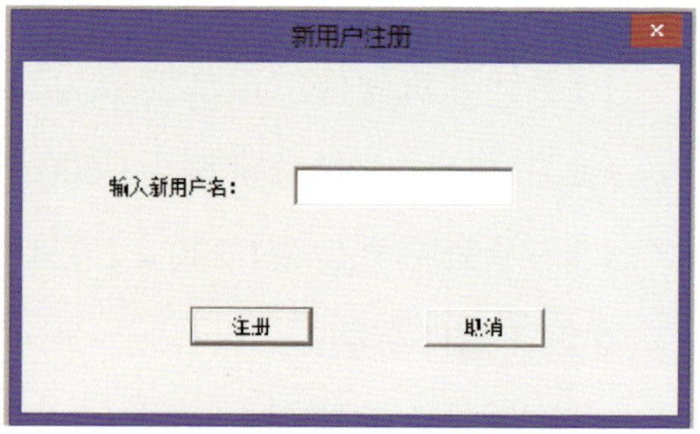

图 3-15　新用户注册界面

（3）删除用户

如果需要删除已经注册过的用户，则需要在用户登录窗口的文本框中输入需要删除的用户名，再单击“删除用户”按钮，将弹出删除用户成功对话框，单击“确认”按钮，返回用户登录窗口。删除用户成功。

（4）用户登录

在登录窗口的文本框输入用户名，单击“用户登录”按钮，弹出用户登录确认界面，单击“确定”按钮，进入数据回放主界面，如图3-16所示，图中上部为弹出窗口，下部为进程窗口。如果没有显示进程窗口和弹出窗口，可以通过单击控制窗口中菜单栏的按钮“显示→进程窗口”或“显示→弹出窗口”将进程窗口和弹出窗口显示出来。

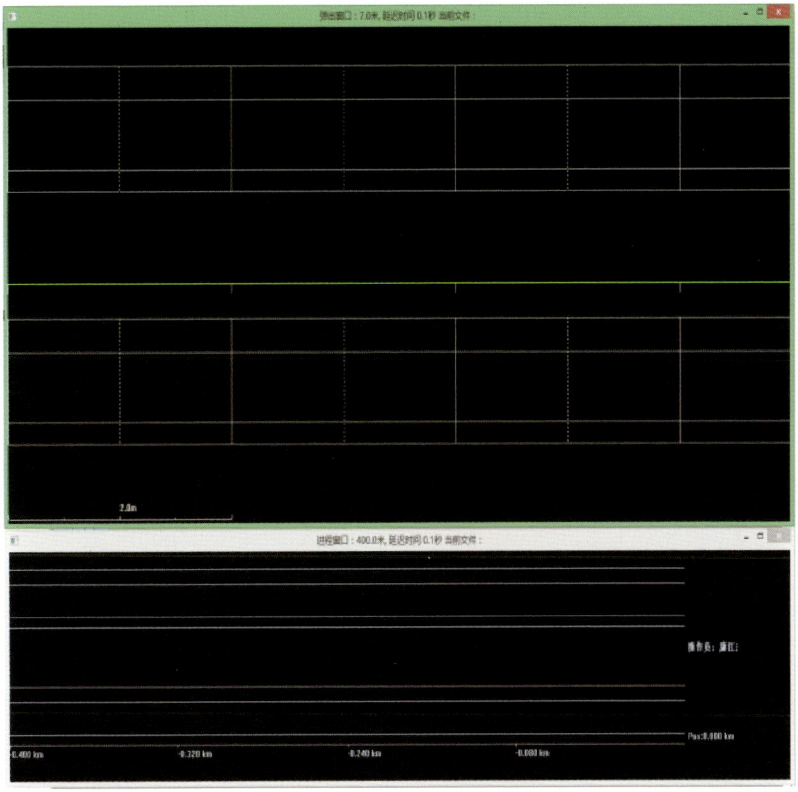

图 3-16　数据回放主界面

登录窗口的文本框不能为空，如果输入文本框中的用户名没有注册过，将不能成功登录。

检测系统运行过程中有4个主要的交互窗口：主窗口、进程窗口、弹出窗口和位置窗口。这4个窗口通过2个显示器显示，其中控制窗口用于系统增益、闸门等参数的显示；进程窗口和弹出窗口用于超声波B型图检测数据的显示；位置窗口用来查看当前B显数据对应的位置信息。

主窗口的组成如图3-17所示，由菜单栏、工具栏、作业参数显示窗口构成。

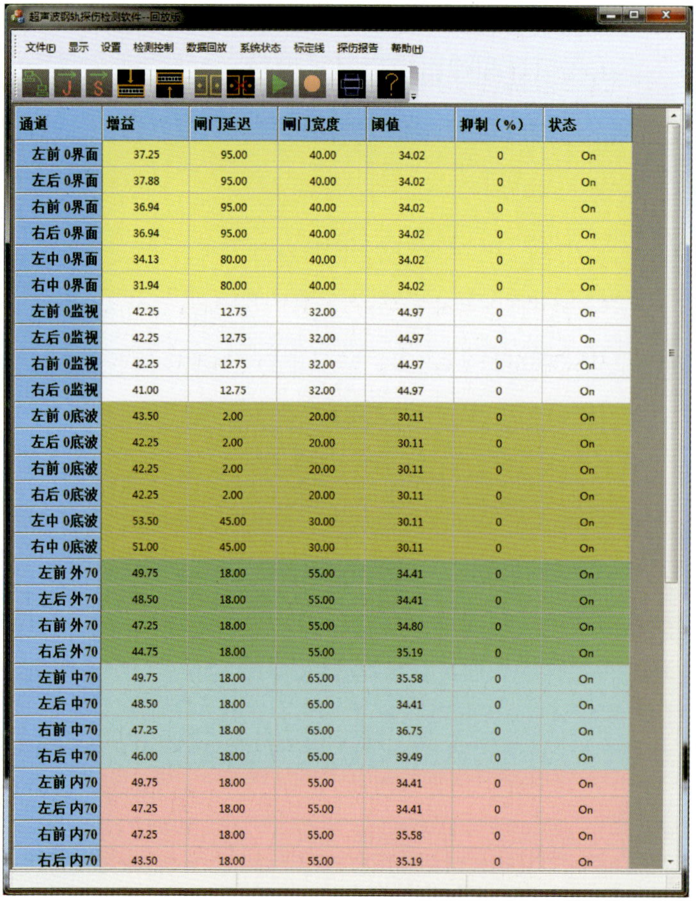

通道	增益	闸门延迟	闸门宽度	阈值	抑制（%）	状态
左前 0界面	37.25	95.00	40.00	34.02	0	On
左后 0界面	37.88	95.00	40.00	34.02	0	On
右前 0界面	36.94	95.00	40.00	34.02	0	On
右后 0界面	36.94	95.00	40.00	34.02	0	On
左中 0界面	34.13	80.00	40.00	34.02	0	On
右中 0界面	31.94	80.00	40.00	34.02	0	On
左前 0监视	42.25	12.75	32.00	44.97	0	On
左后 0监视	42.25	12.75	32.00	44.97	0	On
右前 0监视	42.25	12.75	32.00	44.97	0	On
右后 0监视	41.00	12.75	32.00	44.97	0	On
左前 0底波	43.50	2.00	20.00	30.11	0	On
左后 0底波	42.25	2.00	20.00	30.11	0	On
右前 0底波	42.25	2.00	20.00	30.11	0	On
右后 0底波	42.25	2.00	20.00	30.11	0	On
左中 0底波	53.50	45.00	30.00	30.11	0	On
右中 0底波	51.00	45.00	30.00	30.11	0	On
左前 外70	49.75	18.00	55.00	34.41	0	On
左后 外70	48.50	18.00	55.00	34.41	0	On
右前 外70	47.25	18.00	55.00	34.80	0	On
右后 外70	44.75	18.00	55.00	35.19	0	On
左前 中70	49.75	18.00	65.00	35.58	0	On
左后 中70	48.50	18.00	65.00	34.41	0	On
右前 中70	47.25	18.00	65.00	36.75	0	On
右后 中70	46.00	18.00	65.00	39.49	0	On
左前 内70	49.75	18.00	55.00	34.41	0	On
左后 内70	47.25	18.00	55.00	34.41	0	On
右前 内70	47.25	18.00	55.00	35.58	0	On
右后 内70	43.50	18.00	55.00	35.19	0	On

图 3-17　主窗口组成

3.3.4 主窗口菜单栏

菜单栏位于控制窗口的上部分，图3-18所示包括“文件、显示、设置、检测控制、数据管理、数据回放、系统状态、标定线、探伤报告、帮助”，下面分别介绍部分按钮的操作使用。

图 3-18 菜单栏

（1）“文件”

单击菜单栏上的“文件”按钮，弹出如图3-19所示下拉菜单。

“生成剪切文件”：在弹出窗口设置好起点位置、终点位置，然后点击生成剪切文件，就可以生成剪切文件。剪切文件的回放方式和普通检测文件的回放方式一致。

“打印作业参数”：此功能用来实现打印作业参数的功能。

“退出”：该功能为退出钢轨探伤系统界面，即退出并关闭整个系统。

（2）“显示”

单击菜单栏上的“显示”按钮，弹出如图3-20所示下拉菜单。

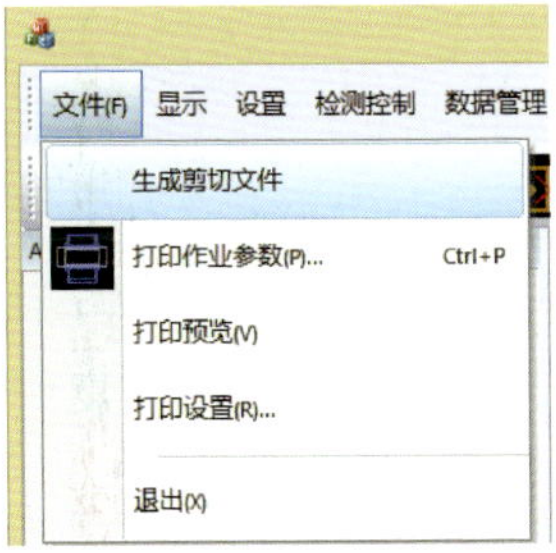

图 3-19 文件子菜单

图 3-20 显示子菜单

“显示→工具栏和停靠窗口”按钮可设置工具栏的显示与隐藏，“显示

→状态栏”按钮用于显示或隐藏控制窗口下部分的状态栏。“显示→空间转换参数”按钮显示空间转换参数，如图3-21所示。

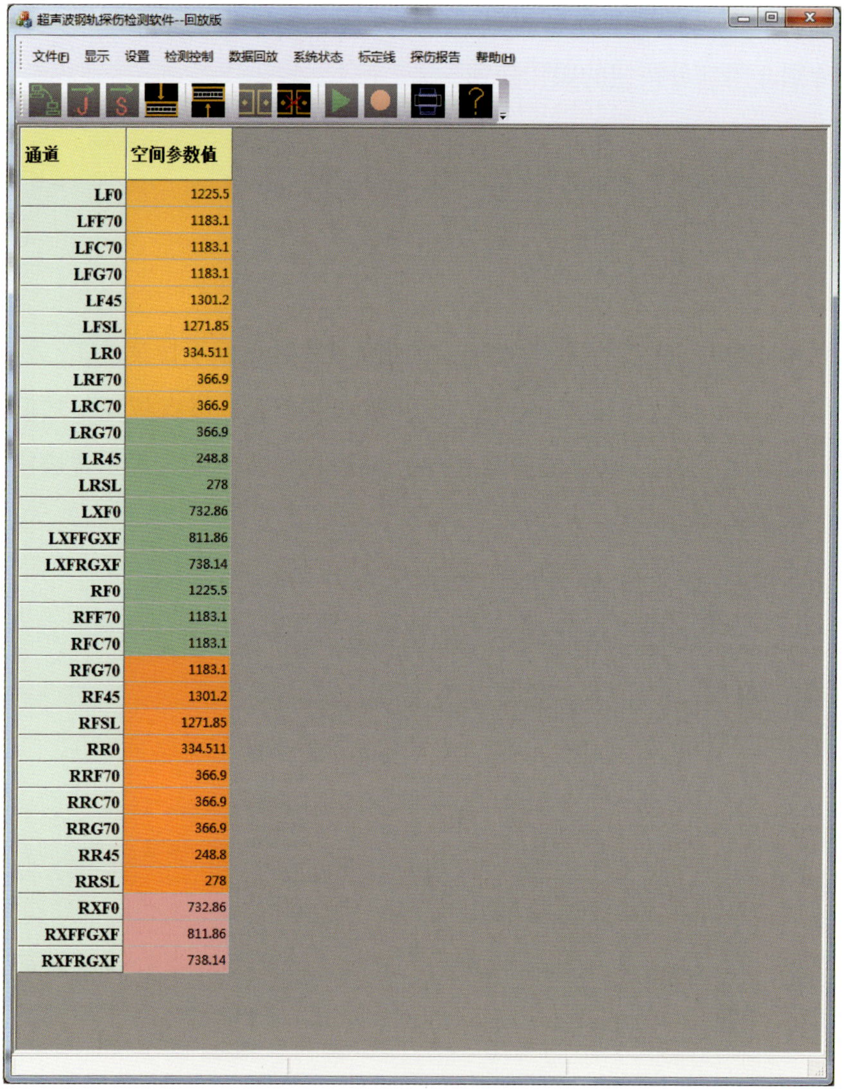

图 3-21　空间参数修改界面

“显示→当前作业参数”按钮显示如图3-22所示下拉菜单，包括“按探轮显示”“按闸门类型显示”，表示控制窗口中间部分的增益和闸门参数表的排列顺序为按探轮显示或按闸门类型显示。

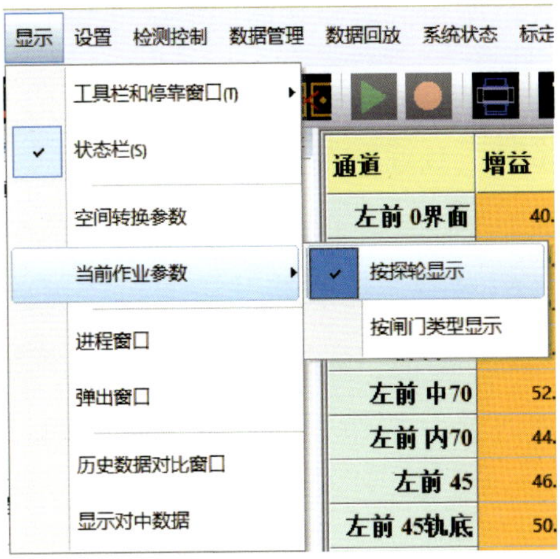

图 3-22　当前作业参数的两种显示方式

“显示→进程窗口”按钮在进程窗口关闭的状态下打开进程窗口，用于显示超声波检测数据的概要信息。

“显示→弹出窗口”按钮在弹出窗口关闭的状态下打开弹出窗口，用于显示超声波检测数据的B显图，弹出窗口是进程窗口的部分放大图。

“显示→历史数据对比窗口”用来浏览历史检测数据的功能。用于对比进程窗口和弹出窗口回放的数据。

“显示→显示对中数据”按钮用来控制是否在进程窗口和弹出窗口显示对中数据。目前探伤系统的检测数据中暂时没有对中数据。

（3）“设置”

单击菜单栏上的“设置”按钮，弹出如图3-23所示下拉菜单，包括“操作模式、股别、通道颜色、系统配置、编辑器校准、操作员选择、线路类

图 3-23　操作模式选择

别、播放模式、伤损识别模式伤损识别设置、启用里程同步系统、里程同步系统设置”。其中灰色按钮的对应功能回放软件并不需要。

①“设置→线路类别→有缝线路”按钮。单击该按钮，系统将开启钢轨接头识别功能。此时“有缝线路”按钮变成灰色被锁住而“无缝线路”按钮被激活。

②“设置→线路类别→无缝线路”按钮。当需要进行无缝钢轨检测时，单击该“设置→线路类别→无缝线路”按钮，系统将屏蔽钢轨接头识别功能。此时“无缝线路”按钮变成灰色被锁住而“有缝线路”按钮被激活。

③“设置→播放模式→定时播放”按钮。该功能为弹出窗口及进程窗口显示超声波数据B显的播放方式，定时播放即按一定时间间隔显示全部的检测数据。

④“设置→播放模式→按识别结果播放”按钮。该功能为弹出窗口及进程窗口显示超声波数据B显的播放方式，按识别结果播放即当检测到且识别出缺陷时，随即显示出来，在没有缺陷的情况下，将不会显示数据。

（4）“数据回放”

单击菜单栏上的“数据回放”按钮，弹出如图3-24所示下拉菜单，包括“数据源选择、数据源列表”。

图 3-24　数据回放菜单

单击菜单栏的“数据回放→数据源选择”按钮，弹出如图3-25所示“选择数据源文件”对话框，选择需要回放的数据源文件并打开，该数据源文件被加载到系统中，此时可以通过操作弹出窗口、进程窗口及位置窗口进行数据回放操作。

单击菜单栏的“数据回放→数据源列表”按钮，弹出如图3-26所示对话框。

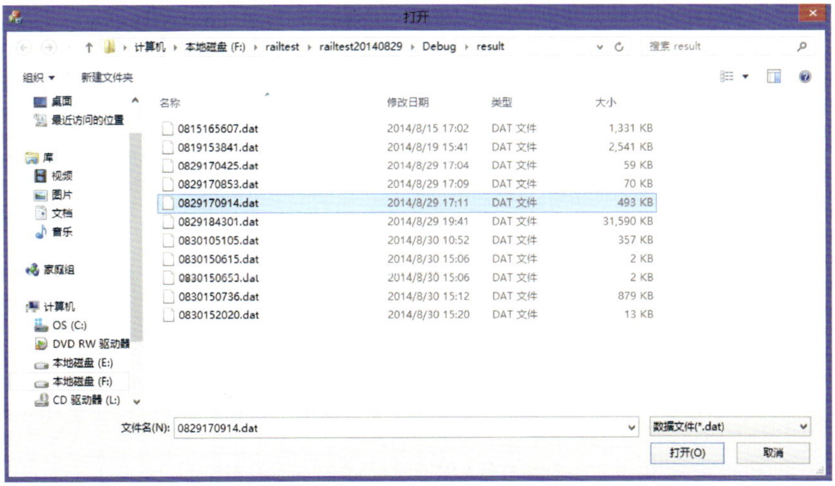

图 3-25　数据回放文件选择

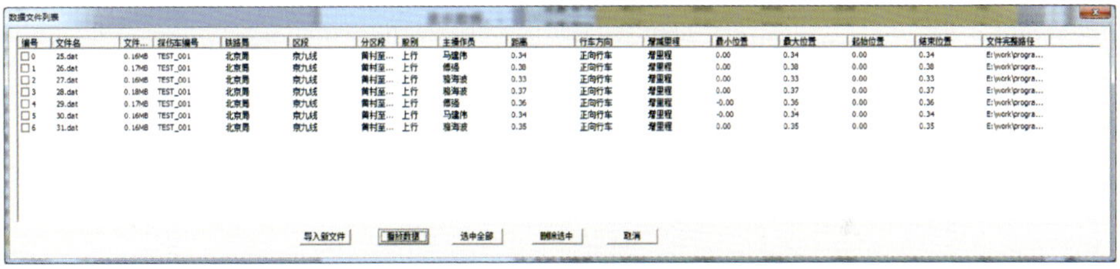

图 3-26　数据回放

单击“导入新文件”，可在列表中增加一行，显示文件的基本信息；选中其中的一项或多项，单击“删除选中”，即可在列表中删除选中的；选中列表中的一行，单击“播放数据”，即可对文件进行回放。

（5）“探伤报告”

使用“探伤报告”菜单，如图3-27所示。

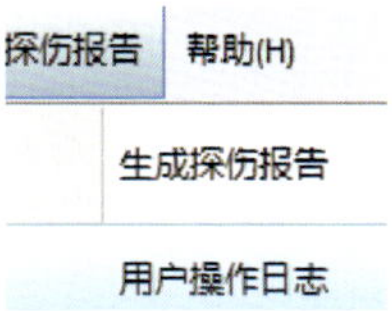

图 3-27　探伤报告菜单

①单击“探伤报告”→“生成探伤报告”，弹出如图3-28所示窗口。

选择探伤报告的生成路径，单击“确定”，将确定探伤报告的路径与名称。

单击“添加文件”可以选择多个检测文件。

单击“按模板生成”可以从检测文件中获取注释的伤损信息。

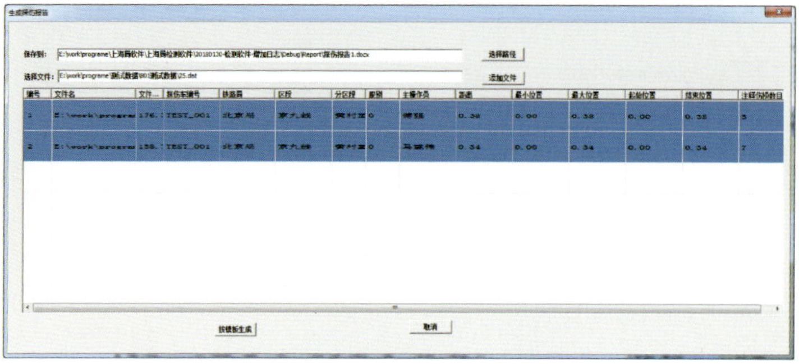

图 3-28　探伤报告生成界面

②单击“探伤报告”→“用户操作日志”，弹出如图3-29所示窗口。

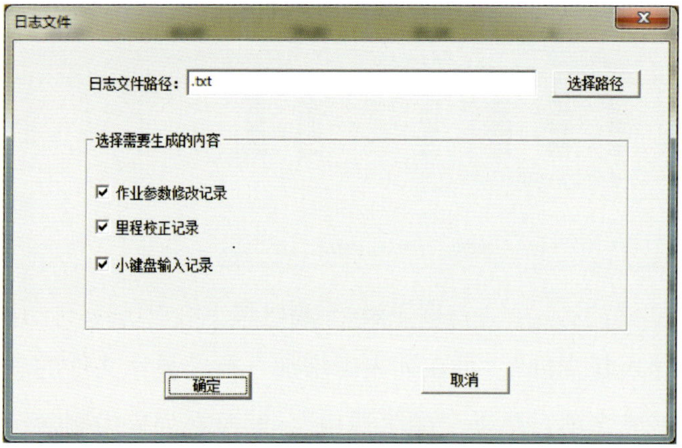

图 3-29　探伤报告生成界面

选择要保存的文件路径，然后选择要生成的日志内容，单击“确定”，即可生成检测系统的操作员的日志记录。

（6）“帮助”

单击菜单栏上的“帮助”按钮，弹出如图3-30所示下拉菜单。其中，单击“关于railtest”用于显示软件的版本信息，“使用手册”用于打开帮助文档。单击“通道颜色”，将弹出通道颜色的说明文档。

图 3-30　帮助菜单

3.3.5 主窗口工具栏

工具栏（图3-31）按钮中与回放相关的有帮助按钮、打开弹出窗口、打开进程窗口3个按钮。

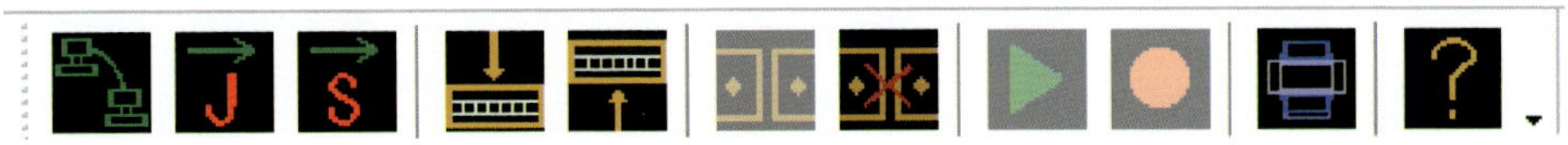

图 3-31 工具栏

接下来分别介绍各按钮的功能及使用：

（1）关于railtest

与菜单“帮助→关于railtest”的功能相同。

（2）进程窗口

与菜单“显示→进程窗口”的功能相同。

（3）弹出窗口

与菜单“显示→弹出窗口”的功能相同。

3.3.6 进程窗口

进程窗口用于显示较大范围的钢轨探伤信息（图3-32），为数据分析员在回放时，提供弹出窗口的前后信息。进程窗口显示的内容和弹出窗口存在相关关联，可以用左右箭头控制进程窗口朝前、朝后浏览数据。

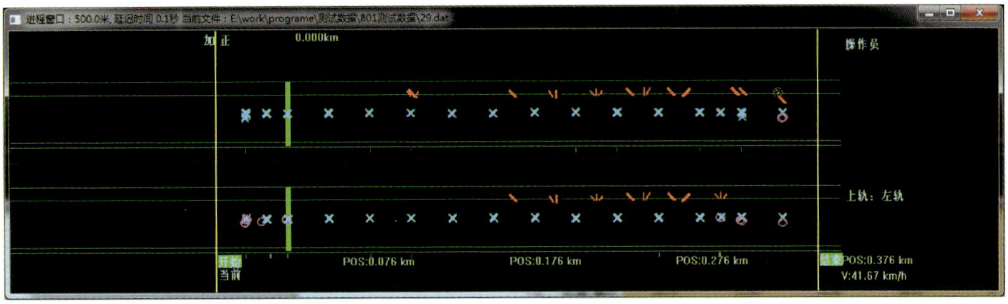

图 3-32 进程窗口界面

进程窗口的标题栏依次标记了当前进程窗口显示的钢轨长度、延迟时间和当前数据文件的保存路径，如图3-33所示。右侧标记了操作员、检测速度和当前检测位置。主体部分的数据显示栏显示了2条钢轨的示意图，每条钢轨用4根横线三部分表示，三部分由上到下分别为轨头、轨腰及轨底。检测数据通过空间转换显示在相应的位置，这些信息包括系统识别出来的伤损及钢轨特征，如螺栓孔、不良对中、钢轨接头、导线孔等。图中的绿色矩形框表示当前弹出窗口的位置。进程窗口界面的下部是位置标尺。

（1）进程窗口快捷菜单

激活进程窗口，单击鼠标右键，弹出快捷菜单如图3-33所示，该菜单包括以下功能：进程窗口设置、当前位置、测量距离（起点）、清除标记。

①“进程窗口设置”。单击菜单中“进程窗口设置”按钮，弹出如图3-34所示进程窗口设置对话框。可以设置系统延时时间、用户延时时间和屏幕显示长度。输入需设置的参数，单击“确定”按钮即设置完成。

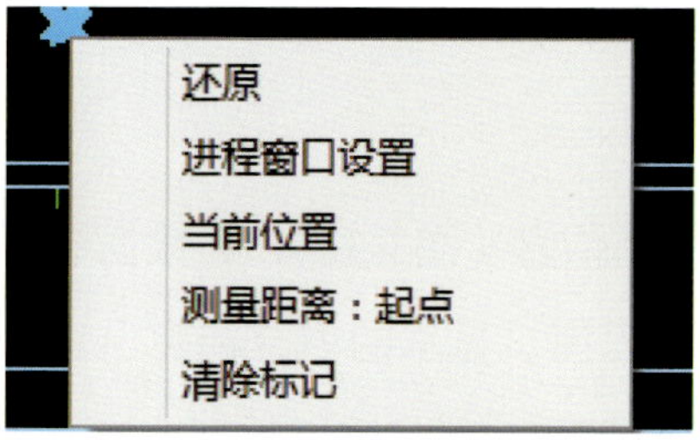

图 3-33　进程窗口右键快捷菜单

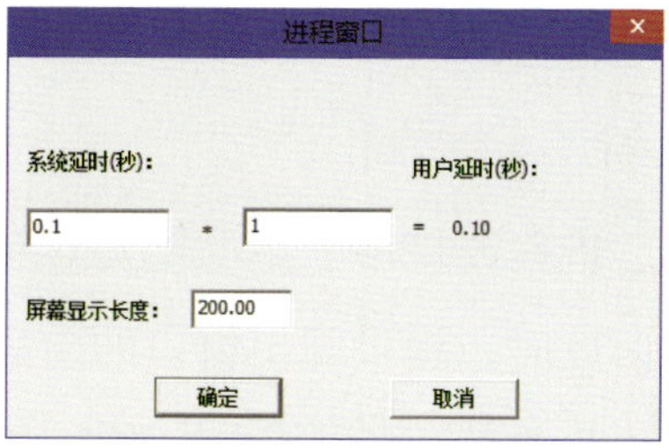

图 3-34　进程窗口设置

用户延时代表进程窗口数据刷新的速度。

屏幕显示长度指的是进程窗口中显示的窗口长度或显示的钢轨范围，进程窗口的长度一般设置为200 m，从而获得弹出窗口附近较大范围的信息。

②“当前位置”。在进程窗口激活状态下，单击鼠标右键，弹出菜单。单击菜单中“当前位置”按钮，弹出如图3-35所示当前位置信息框，显示鼠标右击的位置信息。单击“确定”按钮关闭该信息框。

图 3-35　当前位置信息框

③“测量距离”。在需要测量的地方分别点击右键，选择起点和终点，便可以测量距离。图3-36中两条白线就是测量的起点和终点。

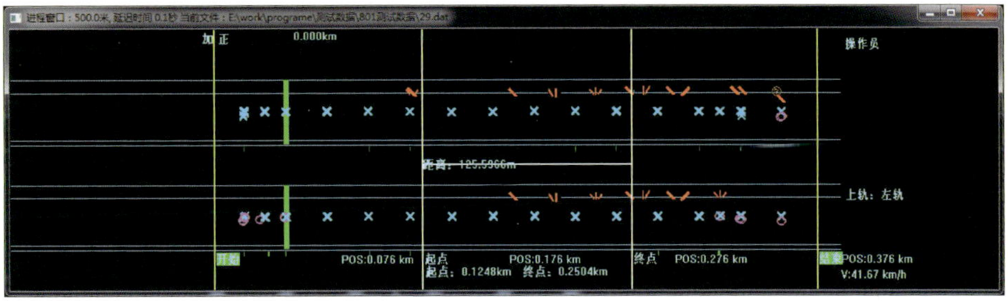

图 3-36 进程窗口测量长度

3.3.7 弹出窗口

弹出窗口（图3-37）是数据回放员观察检测结果的主要界面，显示B显数据。

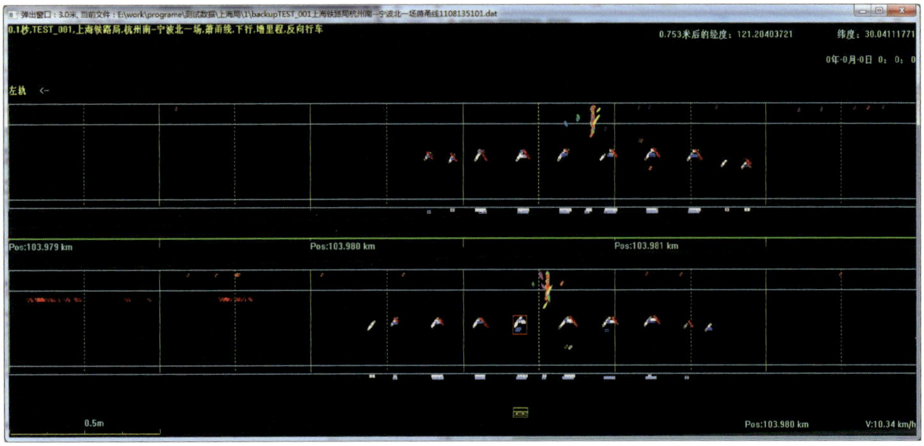

图 3-37 弹出窗口界面

如图3-37所示，弹出窗口从上到下由五部分组成，分别是标题栏、左侧钢轨示意图、绿色的标尺、右侧钢轨示意图、检测信息。标题栏依次标记了当前弹出窗口显示的钢轨长度、延迟时间和当前数据文件的保存路径。标尺表示检测的距离。最下方的检测信息标记出了当前检测位置及检测速度。

左、右侧钢轨示意图表示的意义是一致的。左右钢轨上下并行排列，左侧钢轨显示在上侧，右侧钢轨显示在下侧。每条钢轨用4根横线三部分表示，三部分由上到下分别为轨头、轨腰及轨底，检测的信息通过空间转换显示在相应的位置，这些信息包括系统识别出来的伤损及钢轨特征，如螺栓孔、不良对中、钢轨接头、导线孔等。

在弹出窗口为激活状态时，单击鼠标右键，弹出设置菜单如图3-38所示，该菜单包括以下功能：还原、弹出窗口设置、清除标记、伤损识别显示、测量距离起点、测量距离终点、当前位置及清除标记等。这些功能都是针对弹出窗口的一些设置或工具，下面将详细介绍其使用方法。

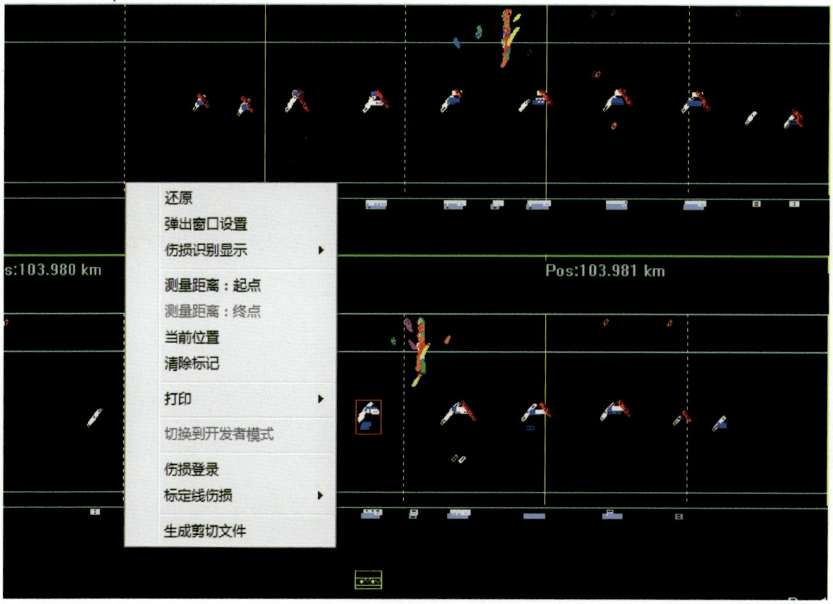

图 3-38　弹出窗口右键菜单

（1）“还原”

在弹出窗口为放大状态时候，可以通过单击鼠标右键，弹出设置菜单，单击菜单中“还原”按钮，正常显示信息。

（2）“弹出窗口设置”

在弹出窗口激活状态下，单击鼠标右键，弹出设置菜单，单击菜单中“弹出窗口设置”按钮，弹出“弹出窗口特性”对话框，如图3-39所示。可以设置播放时延、屏幕显示长度、每次按下左右箭头屏幕跳转的长度。输入需设置的参数，单击“确定”按钮即设置完成。

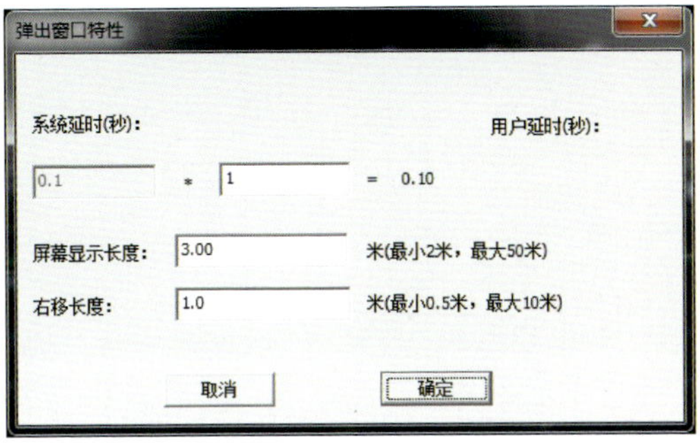

图 3-39　弹出窗口设置界面

（3）“伤损识别显示”

在弹出窗口激活状态下，单击鼠标右键，弹出设置菜单，选中菜单中“伤损识别显示”按钮，弹出“不显示疑似伤损”、“显示疑似伤损”两按钮，如图3-40所示，可单击其中之一，使得系统显示或不显示疑似伤损。

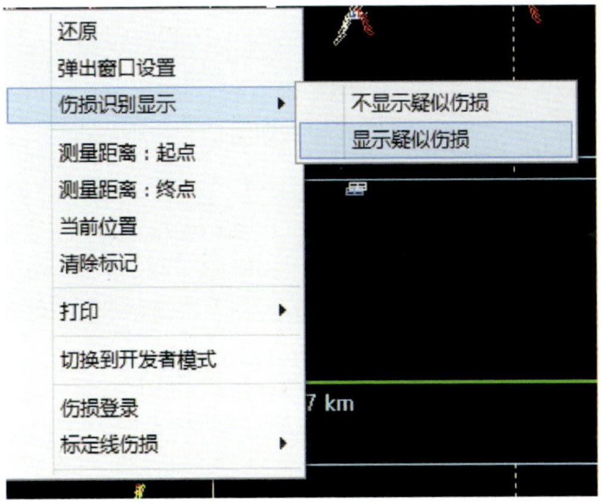

图 3-40　弹出窗口右键菜单

在“显示疑似伤损”模式下将显示所有超声信息的识别情况，如图3-41所示。

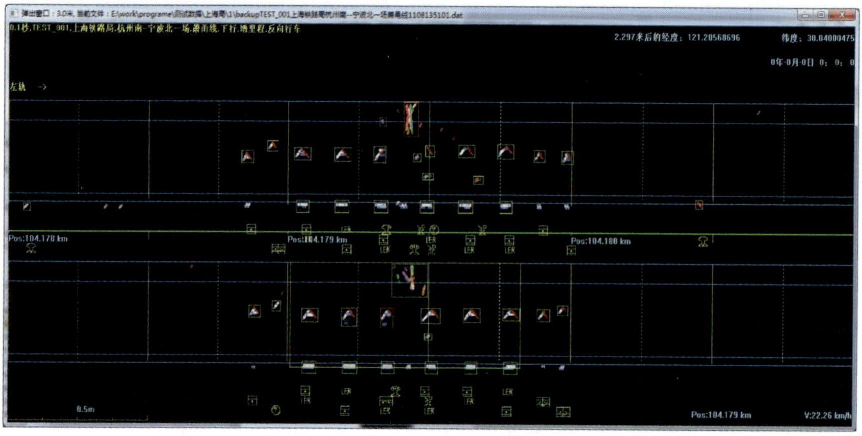

图 3-41　显示所有超声信息

在“不显示疑似伤损”模式下将仅用红框标识识别为可疑伤损的超声信息，如图3-42所示。

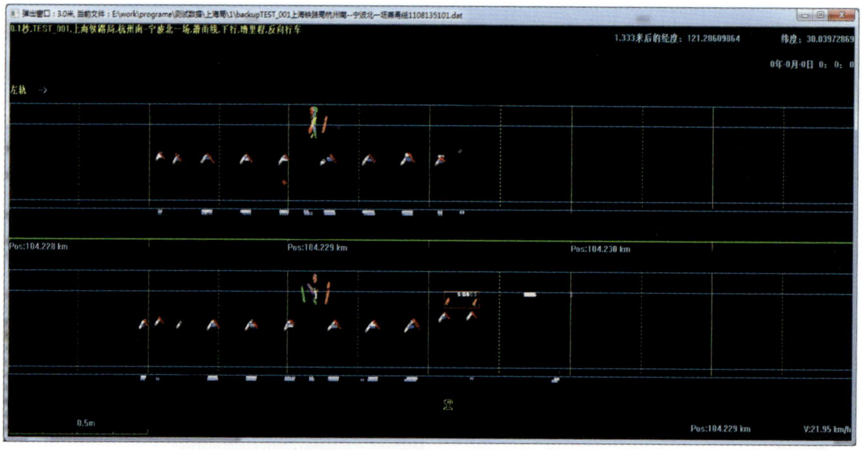

图 3-42　仅显示疑似伤损

（4）“测量距离”

弹出窗口具有测量窗口中某段距离的功能。在弹出窗口激活状态下，单击鼠标右键，弹出设置菜单，单击菜单中“测量距离起点”按钮，此时在鼠标右击位置会显示一条蓝线；此时再在弹出窗口单击鼠标右键，弹出设置菜单，单击菜单中“测量距离终点”按钮，此时在鼠标右击位置又将会显示一条蓝线，且弹出距离信息对话框，如图3-43所示。显示了起点位置、终点位置和之间的距离。

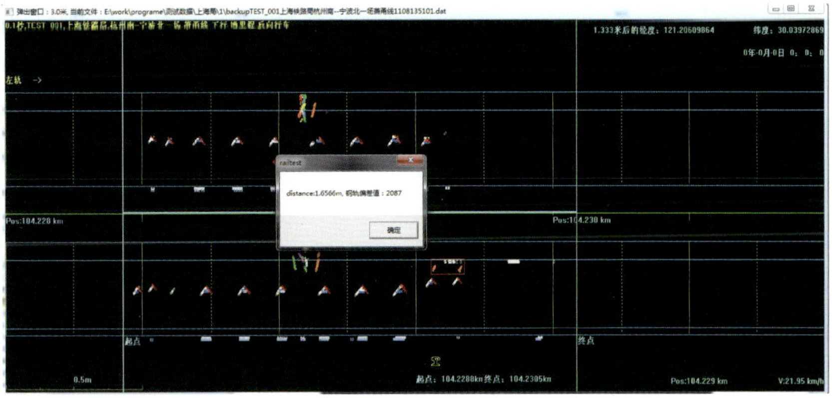

图 3-43　弹出窗口测量距离设置起点

（5）“当前位置”

在弹出窗口激活状态下，单击鼠标右键，弹出设置菜单，单击菜单中“当前位置”按钮，该位置将会有一条蓝色竖线标记，竖线旁边显示当前的位置，如图3-44所示。

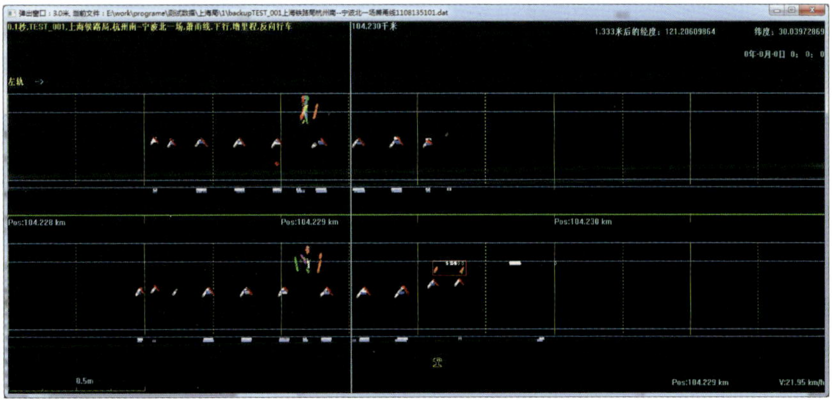

图 3-44　弹出窗口测量显示当前位置

（6）“清除标记”

在弹出窗口激活状态下，单击鼠标右键，弹出设置菜单，单击菜单中“清除标记”按钮，将清除测量距离时候标记的起点、终点及当前位置。

（7）“打印”

在弹出窗口激活状态下，单击鼠标右键，弹出右键菜单，单击菜单中“打印”按钮，将打印当前屏幕，如图3-45所示。

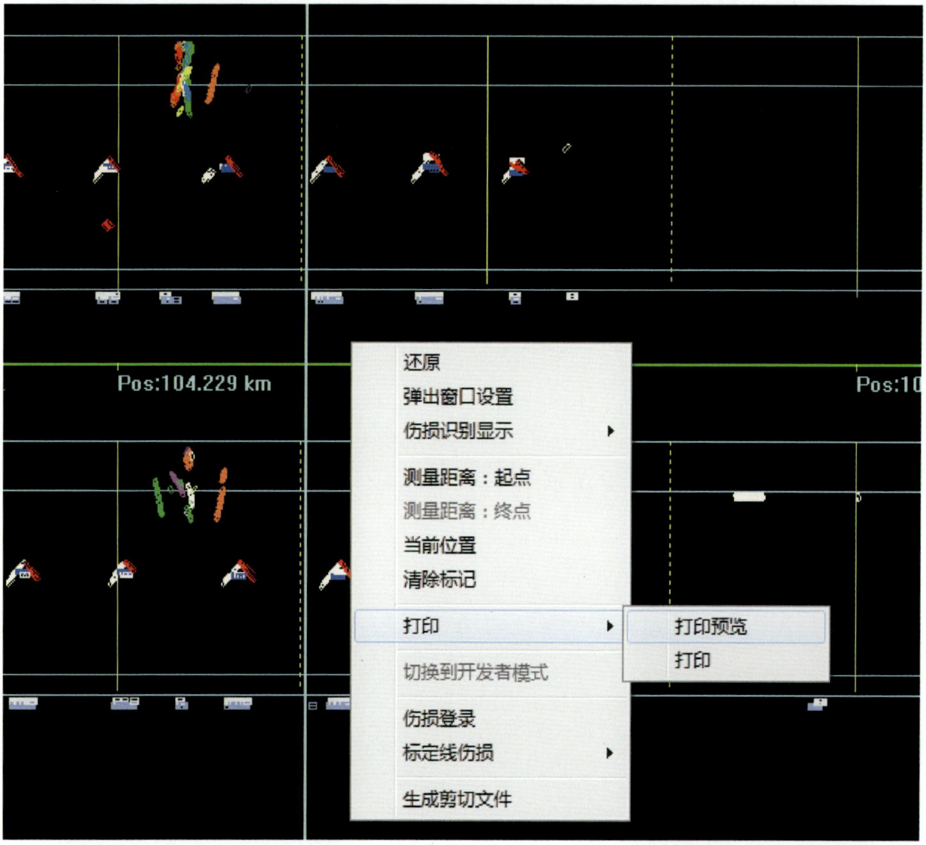

图 3-45　弹出窗口打印及打印预览

单击“打印预览”，当前屏幕将反色显示，如图3-46所示。

（8）“伤损登录”

在伤损处点击伤损登录后，会弹出如图3-47所示窗口。填写此伤损信息，系统将用户填写的信息保存到检测文件。在下次浏览的时候，使用快捷键“Ctrl+下箭头”，往后浏览注释的地方，使用快捷键“Ctrl+上箭头”，往前浏览注释的地方。

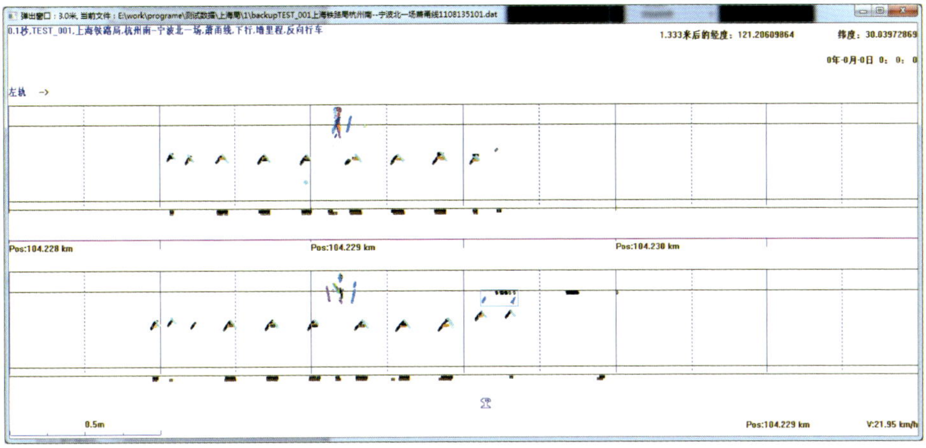

图 3-46　打印预览

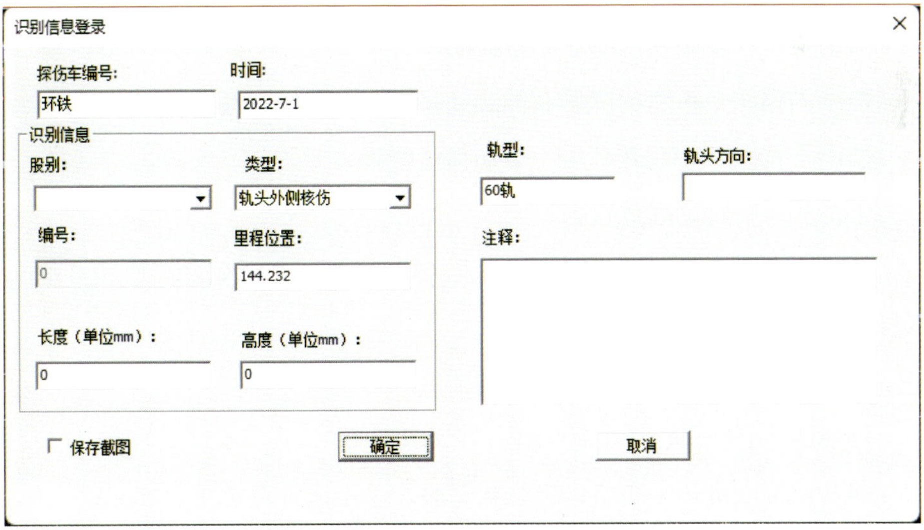

图 3-47　识别信息登录界面

用户注释伤损显示界面如图3-48所示，图中注释了一个伤损。

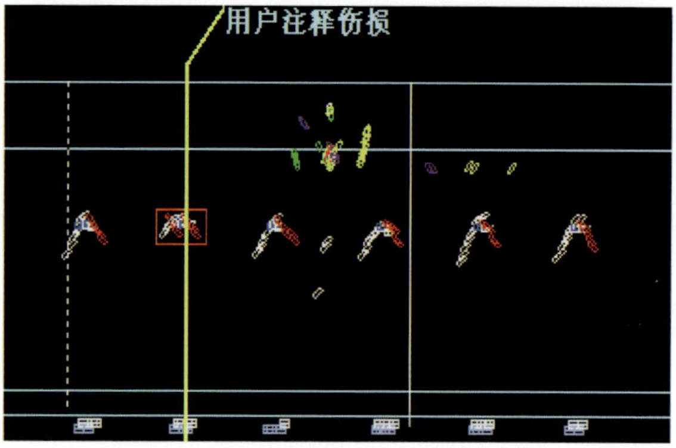

图 3-48　用户注释伤损显示界面

（9）弹出窗口在激活状态下的键盘快捷操作

左箭头——控制弹出窗口向左移动；

Ctrl+左箭头——往前跳到最近一个有可疑超声信息的位置；

Ctrl+上箭头——跳转到前一个注释伤损处；

上箭头——停止自动播放数据；

右箭头——控制弹出窗口向右移动；

Ctrl+右箭头——将向屏幕右侧跳到最近一个有可疑超声信息的位置；

Ctrl+下箭头——跳转到后一个伤损注释处；

下箭头——自动播放数据；

R——在窗口冻结后，且窗口处于“还原状态”，该组合键使屏幕解冻，恢复数据自动向前显示；

PageUp——增加0.1 s弹出窗口的播放延迟；

PageDown——减少0.1 s弹出窗口的播放延迟；

单击鼠标左键——在窗口冻结状态时，单击鼠标左键可以解冻；

放大——在窗口中按住鼠标左键选中一矩形框后，将会对这一矩形框内的信息放大。

3.3.8 位置窗口

在回放过程中，进程/弹出窗口的布局和检测模式一样，放在右侧的显示器上，如图3-49右侧所示。而位置窗口可以放置在左侧显示器上，置于控制窗口之上，因为在回放过程中基本不对控制窗口操作，如图3-49左侧所示。

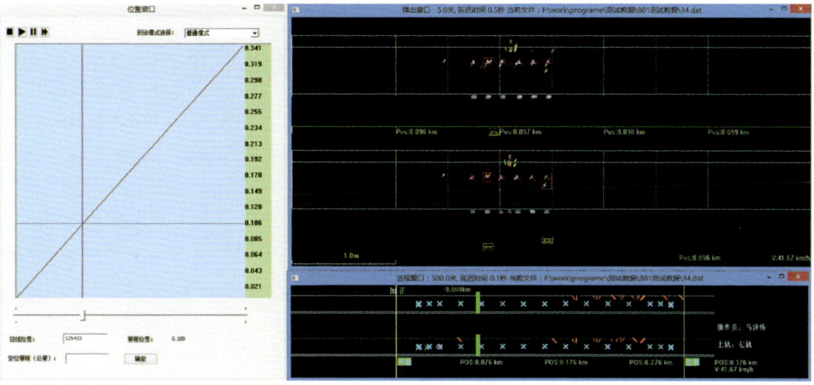

图 3-49　回放数据显示

位置窗口的功能主要包括以下三部分：窗口上部分的回放进程控制，窗口中部的回放进程显示，窗口下部分的位置信息显示，下面分别介绍。

窗口上部分的回放进程控制有一个如图3-50所示的控制条，里面包括了停止回放、开始回放、暂停回放及回放快进四个按钮。

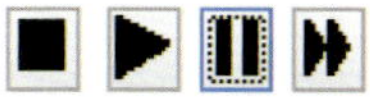

图 3-50　回放进程控制条

停止回放：单击该按钮后，将停止回放，进度条回到起始位置且进程/弹出窗口被清空；

开始回放：开始数据回放；

暂停回放：暂停数据回放，进度条还处于暂停时候位置，进程/弹出窗口保持不变；

回放快进：单击快进键后将加快回放速度，再次单击开始回放键可以恢复到原始播放速度。

回放进程显示栏如图3-51所示，十字线的交叉点表示此时回放的位置。可以通过下部分的回放进度条快速将回放定于某一位置。

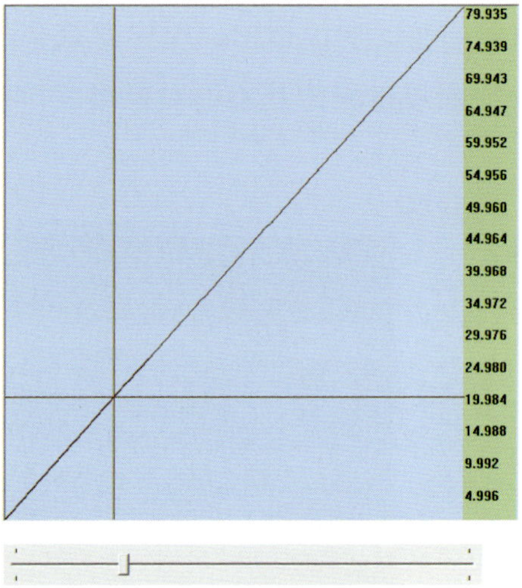

图 3-51 回放进程显示栏

图3-52所示的位置信息栏用于显示总线位置和里程信息。

如果需要跳转到设定的里程，可在如图3-53所示的编辑框里输入需要定位到的里程。

图 3-52 位置信息显示

图 3-53 跳转里程编辑框

3.3.9 历史数据对比

历史数据对比分析功能采用多个显示窗口。窗口分为两种：主窗口和对比窗口。主窗口就是回放时用的进程窗口和弹出窗口。单击菜单“显示→历史数据对比窗口”，对比窗口如图3-54所示。

具体对比步骤如下：

（1）主窗口导入最新数据，对比窗口导入历史数据；

（2）对主窗口数据和对比窗口数据的初始位置进行设定，置于同一位置；

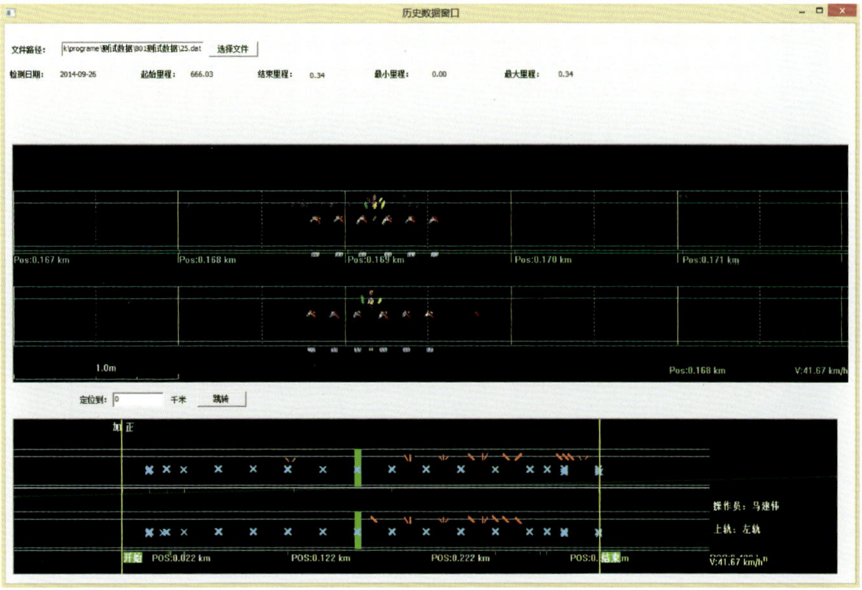

图 3-54　历史数据对比窗口

（3）对主窗口的数据进行浏览；在数据浏览过程中，对比窗口跟随主窗口移动，主窗口向前向后翻多少个编码器脉冲数，对比窗口也跟随着向前或者向后多少个编码器脉冲数；

（4）由于主窗口和对比窗口会存在里程上的偏差，对比窗口可以使用左箭头、右箭头、Ctrl+左箭头、Ctrl+右箭头，提供对当前显示内容进行向前向后调整的功能。

3.4　SYS-1900钢轨系统检测基本操作

3.4.1　日常检查

在每天检测开始前，对车下检测设备进行日常安全检查，对SYS-1900探伤系统的硬件、软件、探轮及辅助系统进行日常维护检查，确保检测设备安全运用和探伤系统工作状态正常。

安全检查记录和日常维护检查记录见表3-2和表3-3。

表 3-2　03901 钢轨探伤车（探伤系统 - 转向架式探伤支承机构）日常安全检查记录表

车组号：03901　检查日期：____年___月___日　检查人：______　确认人：______

编号	项　点	位　置	检查作业要点	检查结果	备注
A-3-1～4	轴箱轴承座（左前、左后、右前、右后）	探伤装置和车轴之间	螺栓防松标识无移位		
A-3-5～8	轴箱轴承盖（左前左后、右前、右后）	探伤装置和车轴之间	螺栓防松标识无移位		
A-3-9～10	运行调节机构（左侧、右侧）	轴承盖和纵梁之间	防松标记无移位		
A-3-11～12	纵横梁连接板（左侧、右侧）	交叉梁和纵梁之间	（1）螺栓防松标识无移位； （2）螺母防松标识无移位； （3）开口销安装到位		
A-3-13～16	安全吊挂链（左前、左后、右前、右后）	车体和探伤装置之间	（1）铁链无锈蚀、裂纹； （2）螺栓防松标识无移位； （3）开口销安装到位		
A-3-17～18	探伤编码器（左侧、右侧）	轴箱轴承盖	（1）螺栓防松标识无移位； （2）外观无变形、磕损； （3）线缆、护管无松动、无破损		
A-3-19～24	探轮（左前、左中、左后、右前、右中、右后）	探轮座	（1）外膜无划痕、小孔、污物附着； （2）压环螺栓、探轮架螺栓无松脱； （3）探轮转动灵活、有无卡滞； （4）温控软管接头管路无渗漏		
*A-1-51～54	小车钩子（左前、左后、右前、右后）	车体下部	紧固铁丝是否松动，保险销是否到位		

注：（1）检查结果栏填写：适当填写具体内容，如外观状态，螺栓种类、数量等，如符合要求确认人在此栏尾部画“√”。

（2）备注栏填写照片编号或说明照片存放位置、发现问题的处置措施等。

表 3-3 钢轨探伤系统日常维护检查表

检测车号：03901　检测人员：______　检测日期：______　检查地点：______　天气及环境温度：______

序号	检查内容	检查结果		故障描述	处理结果	备注
		正常	故障			
1	检查系统供电电压是否稳定					
2	检查机柜温度是否满足系统运行条件					
3	检查机柜空调与系统柜UPS是否正常工作					
4	开户探伤系统并联机，检查联机是否正常					
5	检查名示波器是否正常显示各超声通道信息					
6	检查各探轮胎压					
7	检查各探轮锁紧状态					
8	检查各探轮的线缆、轮循环冷却管连接状况是否良好					
9	检查PLC通电是否正常、探轮是否正常升降、耦合水喷洒是否正常					
10	检查是否要以通过旋钮控制探轮水平移动					
11	检查耦合水量是否满足检测需要，各耦合水喷头的位置、喷头大小是否良好					
12	检查各探轮下压量					
13	检查各侧探轮对中状态、自动对中系统是否正常					
14	检查探轮温控柜是否上电正常、工作正常					
15	检查小键盘输入是否正常，编码器切换是否正常					

注：日常检查周期为每日出车前检查一编。

3.4.2 系统上电

日常检查完成后，在开始检测前，按照正确的顺序上电SYS-1900探伤系统，操作步骤为：

（1）闭合配电单元电源空开：总电源、探伤系统、机柜空调、PLC柜、耦合水泵和监控等；

（2）启动闭合系统柜UPS电源，等待UPS状态指示灯显示为绿色；

（3）依次闭合系统柜电源按钮、工控机电源按钮，等待工控机启动Windows XP系统；

（4）在温控柜配电盒上依次闭合电源空开：总电源、SP温控柜、空调；

（5）将温控柜的“POWER”拨钮开关拨到“ON”位，按下“START”按钮，启动温控柜；

（6）启动温控间的空调，设置为制冷模式，温度设置为18 ℃。

3.4.3 系统联机

SYS-1900探伤系统上电后，进行系统联机。系统联机包括启动嵌入式系统软件和启动SYS-1900控制和显示软件，如图3-55所示。

图 3-55　SYS-1900 探伤系统联机

启动嵌入式软件。用鼠标点击CCSERVER.exe图标，启动嵌入式系统软件，屏幕上会出现DOS 命令提示窗口，显示软件加载状态，如图3-56所示。

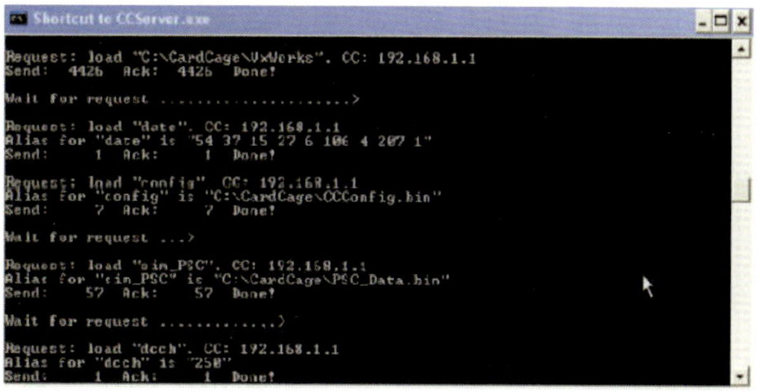

图 3-56　SYS-1900 嵌入式系统软件加载界面

启动SYS-1900控制和显示软件。单击屏幕上UxDCC图标启动SYS-1900控制和显示软件，如图3-57所示。

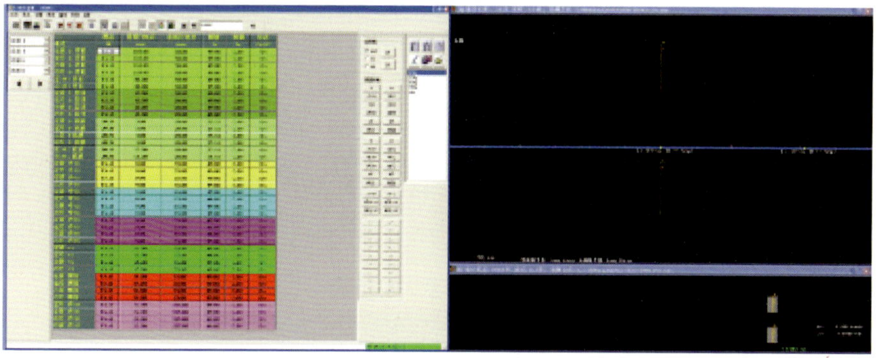

图 3-57　SYS-1900 控制和显示软件界面

当SYS-1900探伤系统联机不成功时，系统状态栏底色为红色；当SYS-1900探伤系统联机成功时，系统状态栏变为绿色，同时显示“系统正常运行”，如图3-58所示，系统启动完成。

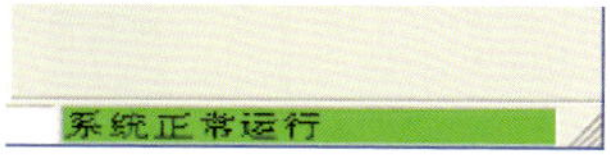

图 3-58　SYS-1900 探伤系统正常运行状态栏

3.4.4　系统仿真测试

SYS-1900探伤系统启动成功后，执行系统仿真测试。

仿真测试提供了系统综合自诊断的功能。仿真测试需要特殊的作业参数文件和相关的空间转换参数，仿真测试的作业文件通常带有SIM，即仿真测试英文的缩写。装入仿真测试参数文件和相应的空间转换文件之后，按下工具栏的红色开始/停止按钮，再按下“开始仿真检测”按钮。这时系统会自动下载一组信息，模拟系统检测工况。如果在弹出窗口上面依次出现了各个70°、37°、0°、侧打及X-Fire 通道的信息，以及钢轨接头信息，则说明系统各个部分工作正常。

测试完成后，关闭仿真测试。

3.4.5 探轮位置调节

SYS-1900探伤系统的探轮位置调节包括探轮对中调节和探轮下压量调节。探轮对中调节按照3.2.4“探轮对中调节”执行，探轮下压量调节按照3.2.5“探轮下压量调节”执行。

3.4.6 闸门参数设置

闸门参数的定义、功能介绍参考3.2.6“闸门参数设置”。SYS-1900探伤系统的闸门参数设置界面如图3-59所示。

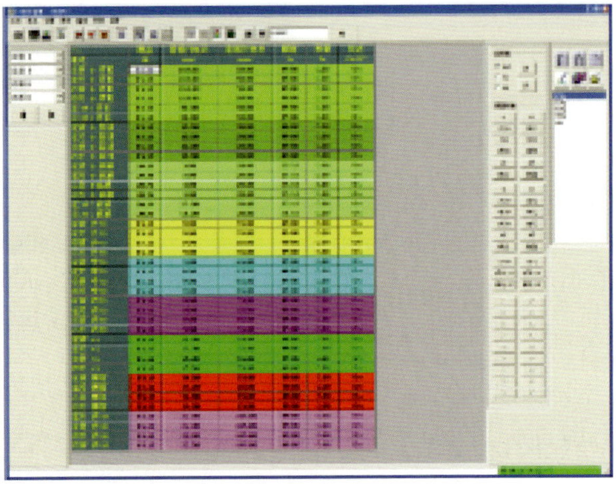

图 3-59　SYS-1900 探伤系统闸门设置界面

针对不同钢轨轨型的线路，SYS-1900探伤系统需设置不同的闸门参数，对于60 kg/m和75 kg/m两种轨型，分别进行检测闸门起始和闸门宽度的设置，并形成作业参数文件，见表3-4。

表 3-4 闸门设置参数

60 kg/m 钢轨闸门设置			75 kg/m 钢轨闸门设置		
通道闸门	闸门延迟 / μs	闸门宽度 / μs	通道闸门	闸门延迟 / μs	闸门宽度 / μs
0° 界面波	80.0	40.0	0° 界面波	80.0	40.0
0° 监视	12.8	38.0	0° 监视	12.8	45.0
0° 底波	1.0	20.0	0° 底波	1.0	20.0
内70°	18.0	55.0	内70°	18.0	62.0
中心70°	18.0	65.0	中心70°	18.0	72.0
外70°	18.0	55.0	外70°	18.0	62.0
37°	35.0	87.0	37°	35.0	97.0
37° 底波	2.0	30.0	37° 底波	2.0	30.0
0° 界面波	80.0	40.0	0° 界面波	80.0	40.0
0° 底波	50.0	20.0	0° 底波	60.0	20.0
XF70°	30.0	120.0	XF70°	30.0	125.0

3.4.7 空间参数设置

SYS-1900探伤系统在钢轨纵向方向的不同位置布置了多个超声波探头，为使钢轨上的同一个伤损反射的不同超声波通道的信号相互之间进行对齐，需要将各超声波通道的信号进行一定的偏移调节，此偏移调节的参数即称为空间参数，如图3-60所示。

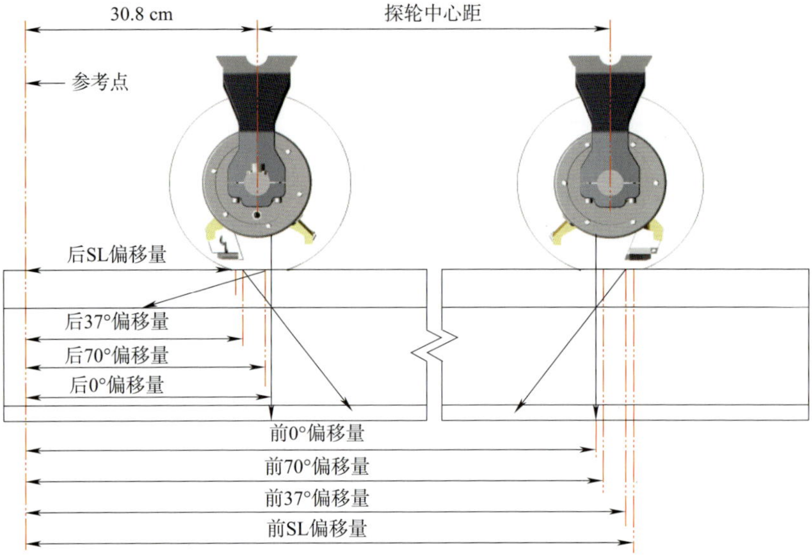

图 3-60　空间参数示意

空间参数的参考点为后轮后方308 mm处，各超声波通道的空间参数均以参考点计算偏移量，在SYS-1900探伤系统生成检测数据时会自动将此偏移量考虑到B显数据中，以保证最终的检测结果中各通道之间相互对齐。在探伤系统界面有空间参数设置界面，如图3-61所示，可方便地进行数值修改。

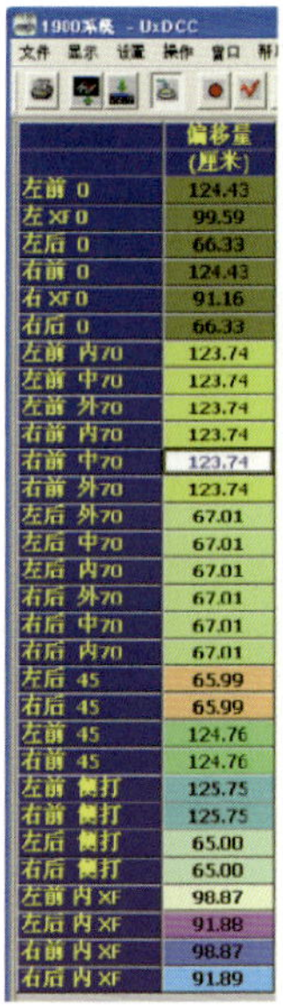

图 3-61　空间参数设置界面

空间参数的调整遵循“后向通道数值固定、调整前向通道数值”的原则，调整前先记录原空间参数数值，测量前后出波通道的相对偏离量，然后在前向通道原空间参数数值的基础上进行增、减调整，调整完成后保存空间参数文件。

对SYS-1900探伤系统左右侧空间参数单独设置并保存，设置后单侧3个探轮的各通道拼合合理。空间参数的设置宜选择在钢轨探伤标定线上，条件不具备时也可选择在检测开始前/结束后的实际线路上，原则上不在正常检测过程中调整空间参数。内、中心、外70° 通道的空间参数数值应设为一致。理想的空间参数设置情况下，B型图数据中各通道拼合良好（图3-62），主要特征如下：

（1）0° 拼合：如有螺孔、导线孔等反射体时，前后中3个0° 通道的回波点群重叠或者接近重叠。

（2）37° 拼合：如有螺孔、导线孔等反射体时，前后37° 和0° 的拼合构成为“A”字形。前后37° 在“A”字形的上部接近交叉。

（3）70° 拼合：如有接头轨缝等反射体时，前向内/中/外70° 、偏斜70° 出波重合，后向内/中/外70° 、偏斜70° 出波重合，并且相对于轨缝处0° 底波消失基本对称。

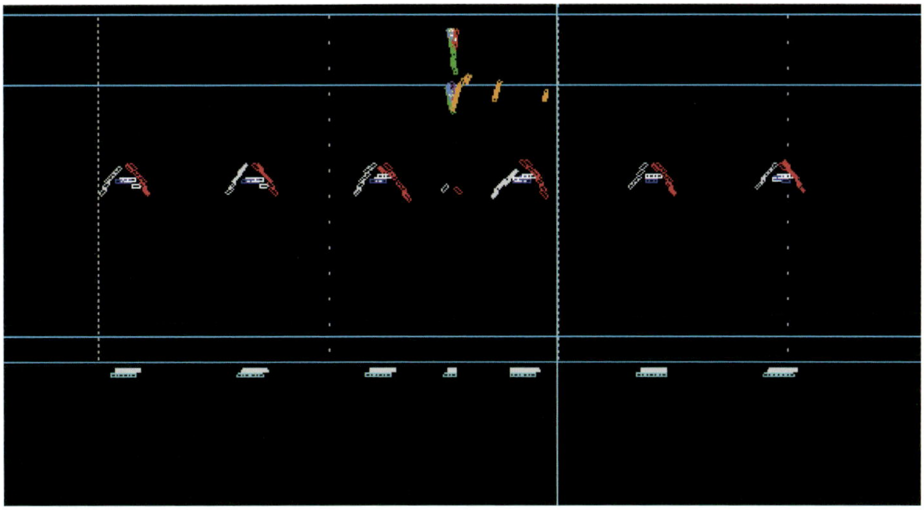

图 3-62　理想空间参数下接头 B 型图

3.4.8　检测增益设置

检测增益设置过大或者过小均对检测数据造成不良影响，造成杂波过多或者灵敏度不足，影响伤损检出。

SYS-1900探伤系统只对各通道闸门内超过阈值的回波信号的首个回波

信号进行提取，无法实现单个闸门内多个回波信号的提取和B型显示。如果检测增益设置过高，导致检测闸门内杂波信号高于设定阈值，则可能在B型图上只显示杂波而无法显示伤损回波，造成伤损漏检；如果检测增益设置偏低，则检测闸门内伤损回波信号低于设定阈值，则无法在B型图上显示伤损回波，造成伤损漏检。

正线检测时，现场检测增益不得低于静态等速基准增益。静态等速基准增益的设置来源于基于走波的静态标定增益。操作员结合检测速度、耦合状态、探轮状态和线路条件等，合理调整各检测增益，以B型图中各通道出现少许不连续散点为宜。

3.4.9 系统关机

完成探伤作业及探伤数据拷贝后，用户可关闭探伤系统。关闭探伤系统分为关闭检测软件、系统断电两个步骤。

（1）关闭检测软件

单击探伤检测软件右上角的关闭按钮，关闭软件。

（2）探伤系统断电

探伤系统断电的顺序与上电顺序相反，参照第3.4.2节进行操作。

3.4.10 常见异常处理

（1）B显数据拼合不良

检测过程中关注B显出波情况，如发现B显数据中存在接头、导线孔等反射体拼合不良的情况时（图3-63、图3-64），需要进一步排查造成拼合不良的原因，必要时调整空间参数。造成拼合不良的原因主要包括两方面：

①编码器联轴器间隙变大等造成，拼合不良的现象以螺孔拼合为例，螺孔的正常拼合为“A”字形，会间歇性地变成“八”字形、“A”字形、“X”字形。

②空间参数设置不当导致，拼合不良的现象以体现螺孔拼合为例，螺孔的正常拼合为“A”字形，会一直变成“八”字形或“X”字形。

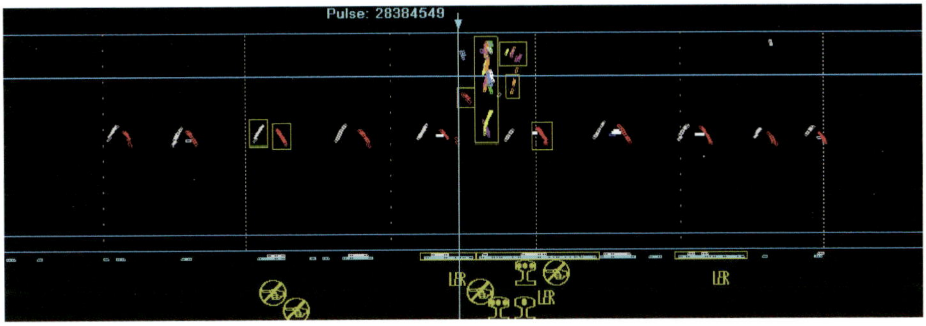

图 3-63　空间参数设置不当造成 B 型图拼合不良

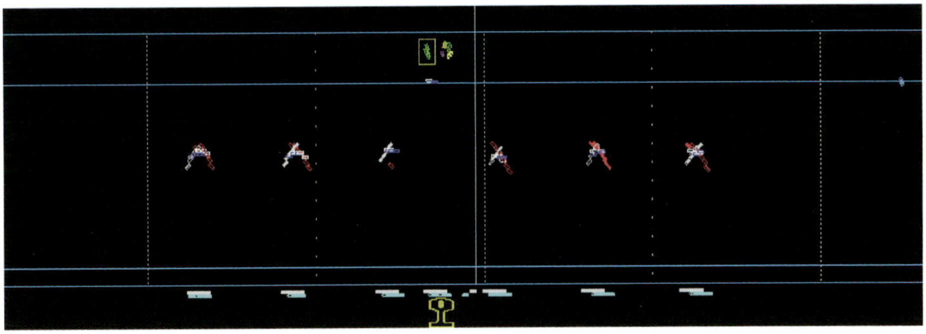

图 3-64　编码器联轴器间隙大造成 B 型图拼合不良

（2）探轮对中不良

检测作业中关注B显出波情况，如发现B显数据中出现成片轨鄂出波或轨底失波等，如图3-65所示，需要记录出现上述现象的里程信息，及时手动调整自动对中系统的对中位，直至上述异常出波现象消失。

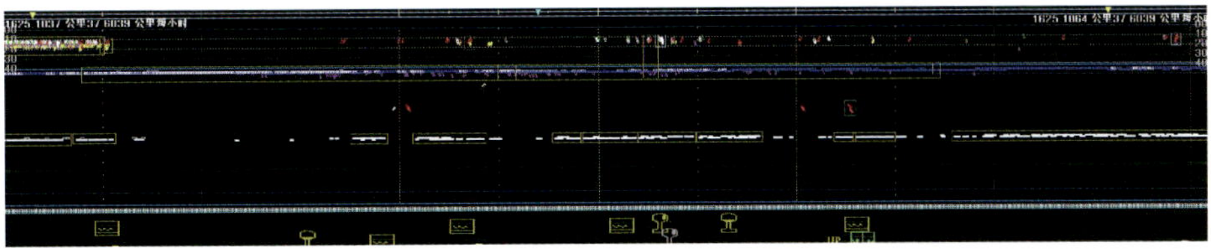

图 3-65　探轮对中不良

（3）检测增益设置不当

检测过程中关注B显出波情况，如发现B显数据中存在接头、导线孔等反射体出波不良（图3-66）或异常杂波较多（图3-67）情况时，需要进一步排查原因，如为检测增益设置不当导致，需要及时调节检测增益参数。

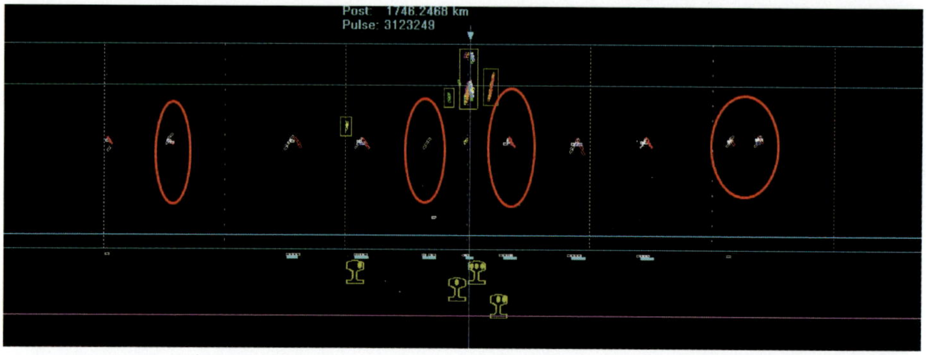

图 3-66　出波不良

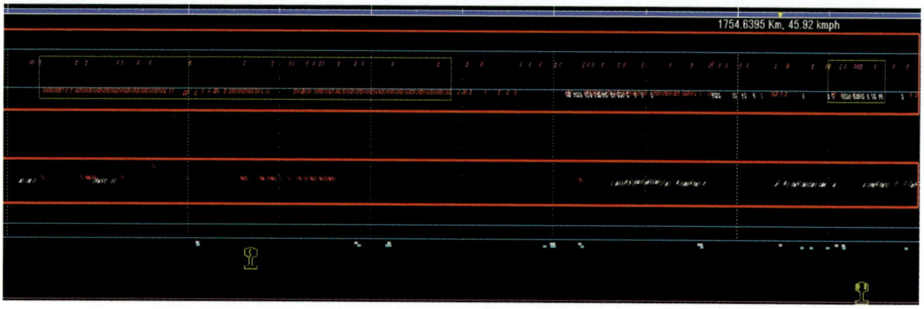

图 3-67　异常杂波多

可参照接头、焊缝、导线孔等B显回波信息进行检测增益设置情况确认。对于正线的接头数据，B显数据出波需满足以下条件：

①螺孔：37° 监视单通道出波不少于4点，0° 监视单通道出波不少于3点，0° 底波失波单通道出波不少于20 mm。

②端头：直70° 前后向内中外通道和偏斜70° 前后通道出波均不少于3个点。

3.5 SYS-1900探伤系统回放软件基本操作

3.5.1 软件简介

FrontDB是用于快速回放SYS-1000、Frontier及SYS-1900探伤系统格式的原始检测数据。与检测系统内嵌的标准回放功能相比，具有如下的特点：

（1）回放速度更快；

（2）增加了同时回放两个检测数据的功能（双通道回放）。

FrontDB的应用环境基于微软公司的Microsoft SQL Sever数据库，利用数据库的支持，可以将有效数据从原始检测数据文件中提取出来，加快回放的速度。快速回放应用时，除了利用数据库的检测数据格式，而且还利用了回放设定的过滤器，加快数据的播放速度。

3.5.2 快速开始

（1）单击FrontDB 图标，运行软件，如图3-68所示。

（2）确认操作员，如图3-69所示。

图 3-68 FrontDB 图标

图 3-69 确认操作员

（3）单击文件菜单中的“打开检测文件”选项，选择将要转换至数据库的原始数据文件。

（4）单击播放器选择一条将要回放的检测数据，双击，将它装入播放器中。

（5）设置播放模式和过滤器。

（6）设置弹出/进程窗口中的超声显示信息和电磁感应显示信息。

（7）设置弹出窗口宽度和停留时间。

（8）播放检测数据。

3.5.3　主窗口

主窗口为回放软件提供控制功能，包括六个子菜单和语言选项，如图3-70所示。主窗口通常只占据显示屏上较小的区域。关闭FrontDB主窗口时，整个回放软件将会关闭。

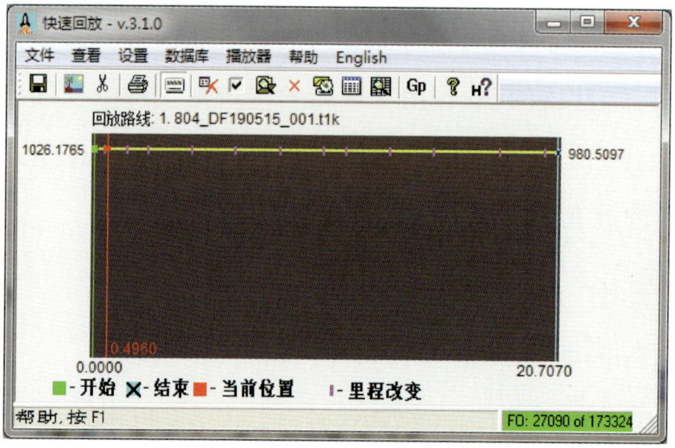

图 3-70　主窗口

（1）“文件”子菜单下有12个选项。

打开：打开一个原始数据文件并转换至数据库中。

打开检测文件：打开一个或多个原始数据文件并转换至数据库中。

打开剪切文件：选择剪切文件并转换到数据库中。

打开截屏：选择一个截屏文件并显示。

产生/储存截屏：制作当前弹出窗口B型图截屏，或将当前截屏以截屏格式保存。

产生检测数据剪切：在当前的回放数据里制作一段数据剪切，并以剪切文件格式保存。

产生图像（jpeg）：将弹出窗口中显示的画面存储为.jpeg格式的图片。

视频图像：为储存的视频图像设置路径。

打印：打印弹出窗口的B型图或检测参数。

打印预览：将弹出窗口B型图的背景色反转，预览打印效果。

打印设置：设置打印机。

退出：退出软件。当前的应用及过滤器设置将自动保存。

（2）“显示”子菜单下有10个选项。

工具栏：隐藏或显示主窗口工具栏。

状态栏：隐藏或显示主窗口状态栏。

播放器：隐藏或显示播放器。

移动图/位置指针图：单击在这两者间切换。

文件转换报告：转换文件。

回放数据信息：显示当前回放的检测数据的信息。

通道参数：显示当前回放的检测数据中的超声通道参数。

伤损报告夹：显示伤损报告的储存位置。

距离单位：选择回放时的距离单位。

GPS位置单位：选择GPS经纬度显示单位格式。

（3）“设置”子菜单下有5个选项。

伤损代码：设置分析员的名字，选择伤损代码，设置伤损报告文件类型。

装载设置：将磁盘上的参数文件载入系统。

储存设置：将当前系统设置储存到参数文件中。

装过滤器：载入之前保存的过滤器参数文件。

储存全部过滤器：将所有过滤器参数储存到过滤器参数文件。

（4）“数据库”子菜单下有11个选项。

从数据库删除测试数据：从数据库中删除一个或多个测试数据。

清空数据库：清除数据库中的全部检测数据。

清除转换报告：清除将检测数据文件转入数据库时产生的转换信息。

设置转换条件：设置转换到数据库的条件。

转换数据文件到数据库：选择需要转换的检测文件。

转换数据文件及装入：转换检测文件到数据库并装入播放器。

取消转换文件到数据库：取消转换文件到数据库。

检索待回放检测数据：检索数据库中的检测数据 。

装入最近转换的数据：将最近一次转换的数据装入播放器。

安装检测数据库：在计算机中安装检测数据库。

卸载检测数据库：从计算机中卸载检测数据库。

（5）“播放器”子菜单下有23个选项。

弹出窗口：打开或关闭弹出窗口。

进程窗口：打开或关闭进程窗口。

选择装入播放数据：在数据库中选择检测数据并装入播放器。

回放数据信息：显示当前回放的数据文件的信息。

回放模式：选择回放，如检测、超声击中等。

回放过滤器：在不同模式下设置，改变和存储过滤器。

下一通道：选择下一通道作为播放器的激活通道。

回放方向：设置回放方向为向前或向后。

同步回放双踪显示：调整使双通道同步显示。

回放速度：调整回放速度。

向后调整：将弹出窗口画面向左侧移动指定的距离。

起点：跳转到检测数据的开始位置。

向后移动：调整播放方向向后。

停止：停止回放。

回放：开始回放当前激活的数据文件。

暂停：暂停/恢复回放进程。

释放：释放当前弹出窗口画面到下一画面。

向前移动：调整播放方向向前。

终点：跳转到检测数据的结束位置。

向前调整：将弹出窗口画面向右侧移动指定的距离。

跳转到：跳转到指定位置（公里/英里里程标、真实位置、GPS经纬度、位置总线等描述的位置）。

指令：打开或者关闭播放器的指令加速器。

伤损登录：显示伤损登录窗口。

（6）“帮助”子菜单下有5个选项。

关于数据库快速回放：显示 FrontDB软件的版本信息。

帮助目录：显示 FrontDB软件的帮助内容。

回放控制：播放器的功能和使用说明。

快捷键：播放器快捷键的介绍和总结。

通道颜色：显示 FrontDB 软件的通道颜色设置。

3.5.4 弹出窗口

显示B显图形；每一帧的显示宽度可以设置为6～12英尺[①]；在此窗口中可以查看超声、电磁感应和视频信息的细节，如图3-71所示。

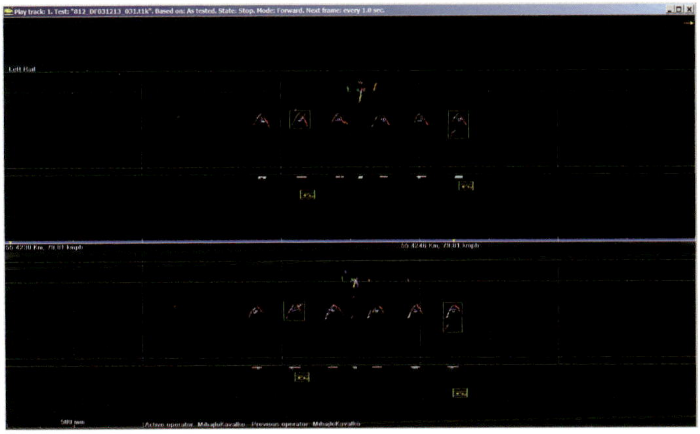

图 3-71 弹出窗口

① 注：1英尺=0.3048 m。

在弹出窗口中单击鼠标右键，会弹出如图3-72所示菜单。

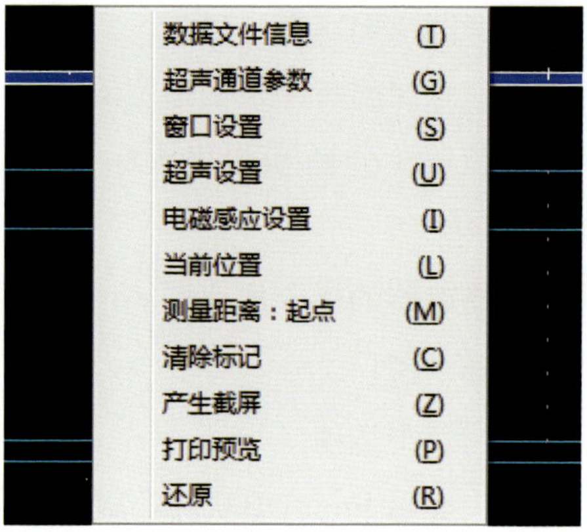

图 3-72　弹出窗口右键菜单

弹出窗口菜单中的各项功能如下：

（1）数据文件信息：显示检测数据文件中的信息。

（2）超声通道参数：显示当前回放的检测数据的超声参数 。

（3）窗口设置：设置每幅画面显示宽度和每次调整距离。

（4）超声设置共3个选项：

①仅显示可疑伤损；

②仅显示过滤伤损；

③所有信息。

（5）电磁感应设置：显示电磁感应设置窗口。

（6）当前位置：显示鼠标右击处的里程信息。

（7）测量距离（起点）距离测量的开始位置。

测量距离（终点）距离测量的结束位置。

（8）清除标记：清除里程信息和测量线。

（9）产生截屏：对当前弹出窗口的画面截图，弹出截屏窗口。

（10）打印预览：将弹出窗口的背景色在白色和黑色间切换。

（11）还原：在放大后将画面大小还原。

3.5.5 进程窗口

显示当前弹出窗口所在位置的附近的内容；每一帧可被设置为包含20～30帧弹出窗口画面；作为导航界面，显示当前回放区域的位置。进程窗口如图3-73所示。

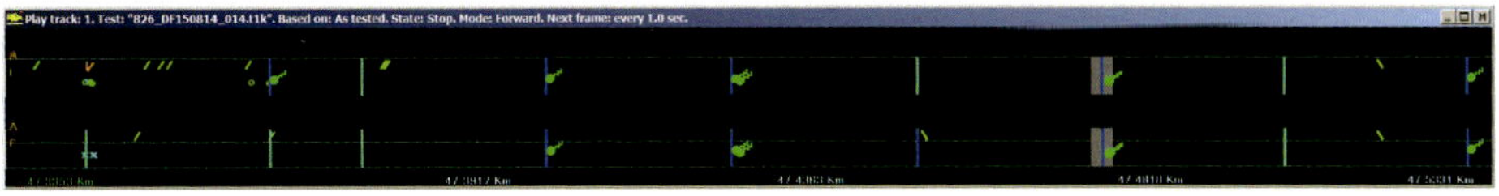

图 3-73 进程窗口

在进程窗口中单击鼠标右键，会弹出如图3-74所示菜单。

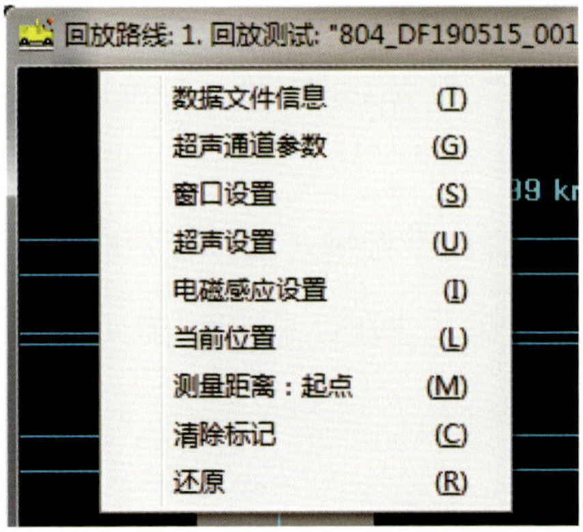

图 3-74 进程窗口右键菜单

进程窗口菜单中的主要功能如下：

（1）窗口设置：设置每幅显示宽度；

（2）当前位置：显示鼠标右击处的里程信息；

（3）测量距离：起点：距离测量的开始位置；

测量距离：终点：距离测量的结束位置；

（4）清除标记：清除里程信息和测量线。

3.5.6 播放器

播放器控制着检测数据的回放功能。播放器对话栏如图3-75所示。

图 3-75　播放器

播放器菜单中的功能如下：

（1）“窗口”包含2个按键：“弹出窗口”打开弹出窗口；“进程窗口”打开进程窗口。

（2）“检测”包含2个按键：装入检测数据；检测数据信息。

（3）“回放模式”下拉菜单中，有7个选项：与检测相同；超声反射；超声识别；电磁识别；注释；用户图标；已记录伤损。

（4）“过滤器”包含1个按键：“当前过滤器”。

（5）“线路方向同步”包含3个按键：回放通道模式；检测方向模式；双通道同步模式。

（6）“回放控制”包含10个按键：减少延迟时间”；起始；向后；停止；播放；暂停；释放（下一帧）；向前；结束；增加延迟时间”。

3.5.7　常用操作

（1）将检测文件转换进数据库

方法1：使用“文件”菜单中的“打开…”命令。

①单击“打开…”命令，会出现如图3-76所示的文件选择窗口。

②选择要转换的原始数据文件并单击“打开”。

③FrontDB将载入文件并转换至数据库中。

④处理过程中，屏幕中会出现一个进度框。

⑤转换完成后会显示转换报告。

⑥此时数据库中新加入的检测文件可以用于回放。

方法2：“文件”菜单下的“打开检测文件…”命令，此方法可用于同时转换多个伤损文件。

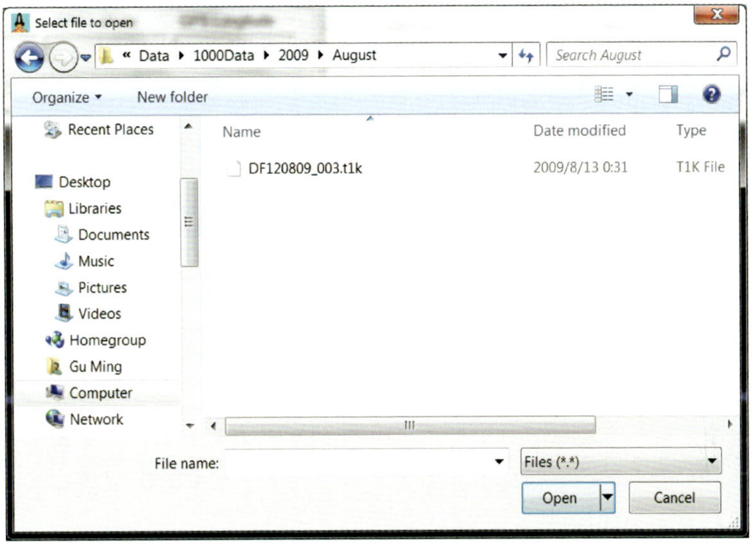

图 3-76 文件选择窗口

① 选择此方法时，会出现类似的打开文件对话框，如图3-77所示。

② 选择要转换的一个或多个原始数据文件并单击“打开”。

③ FrontDB 将依次将载入文件并转换至数据库中。

④ 处理过程中，屏幕中会出现一个进度框。

⑤ 转换完成后会显示转换报告。

⑥ 此时数据库中新加入的一系列检测数据都可以用于回放。

方法3：“文件”菜单下的“打开剪切文件…”命令，此方法用于打开剪切文件。

① 选择此方法时，会出现类似的打开文件对话框。

② 选择一个或多个剪切文件（拓展名为clp）并单击“打开”。

③ FrontDB 将依次将载入文件并转换至数据库中。

④ 处理过程中，屏幕中会出现一个进度框。

⑤ 转换完成后会显示转换报告。

⑥ 此时数据库中新加入的剪切文件都可以用于回放。

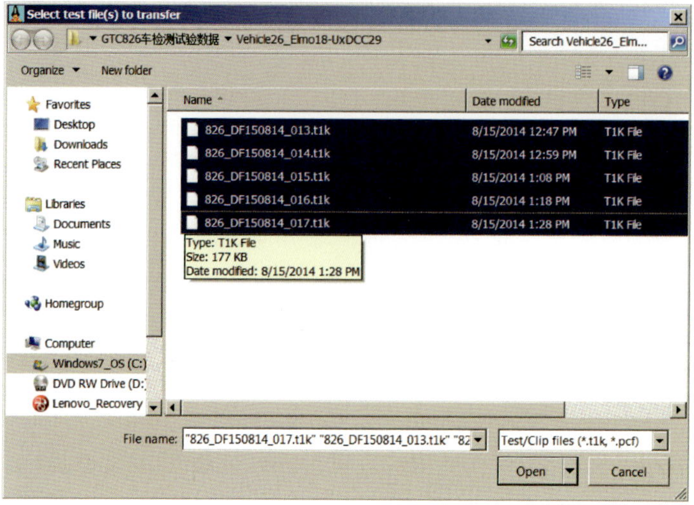

图 3-77　打开文件对话框

（2）装载检测数据到播放器

方法1："播放器"菜单中的"选择装入播放数据"。

① 单击菜单栏中的"播放器"。

② 选择"选择装入播放数据"，显示如图3-78所示已转换的检测数据列表。

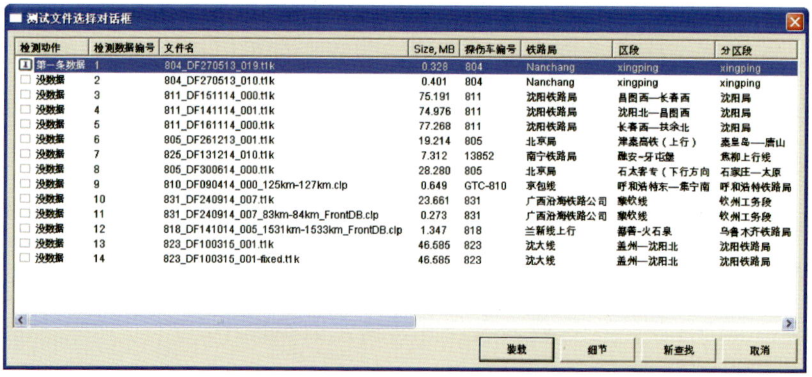

图 3-78　测试文件选择对话框

③ 选择检测数据，单击"装载"。

④ 检测数据被装载到播放器中，并处于待播放状态。

方法2："数据库"菜单中的"检索待回放检测数据"。

① 设定一组条件从而在数据中进行检索。

② 返回满足检索条件的检测数据列表。

③ 选择检测数据并装载到播放器中。

方法3："数据库"菜单中的"装入最近转换的数据"。

① 这个选项的作用是从数据库中装载最近转换的检测数据到播放器中。

② 数据被装载到播放器中并处于待播放状态。

（3）播放单条检测数据

当检测数据转入激活通道中（通常是通道1）时，在弹出窗口中显示第一帧数据。如果没有创建弹出窗口，那么播放器会自动创建一个。如果要观察当前弹出窗口显示的数据帧的周边数据，可以在播放器菜单中创建一个进程窗口。在播放器中可以使用不同的设置来播放检测数据。

①回放模式选择。

a. 与检测一样。这个模式下只有一个过滤器。没有使用与检测一样的过滤器，FrontDB将显示所有系统识别的疑似伤损，忽略操作者的过滤器设置。使用与检测一样的过滤器，FrontDB将显示与操作者在检测过程中一样的疑似伤损。过滤器弹窗如图3-79所示。

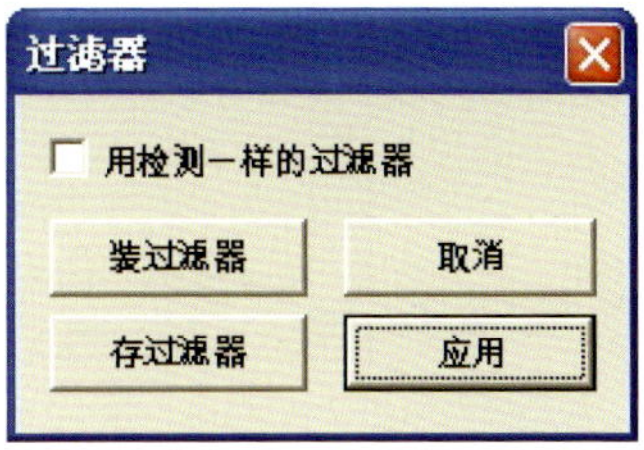

图 3-79　过滤器弹窗

b. 超声回波区域显示。可以设置超声回波点所在的区域范围，在回放时在设定区域内的超声回波就会显示出来，如图3-80所示。

c. 超声识别类型选择。可以选择一组超声识别类型，如图3-81所示，从而在回放时只显示满足条件的画面。

d. 操作员注释。可以选择操作员注释/应答的类型，从而在回放时只显示满足条件的画面。

e. 伤损编号。可以设置报告的伤损编号范围，如图3-82所示，从而在回放时只显示满足条件的画面。

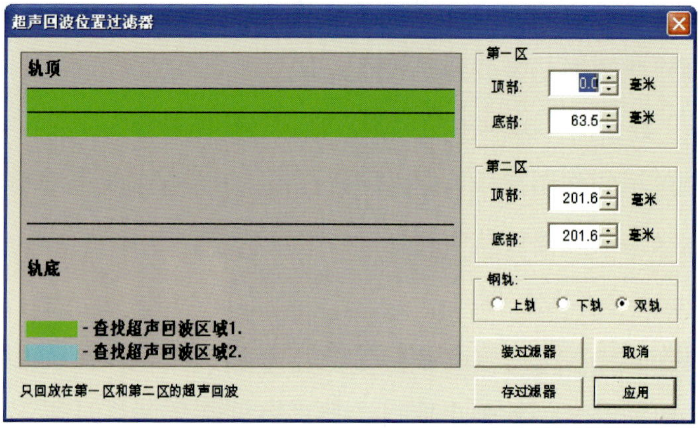

图 3-80　超声回波位置过滤器

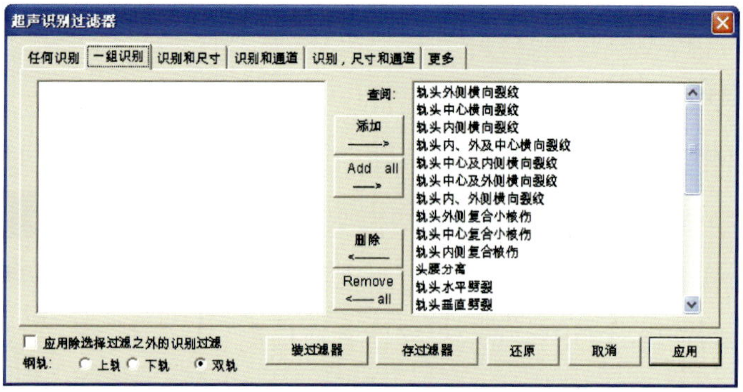

图 3-81　超声识别过滤器

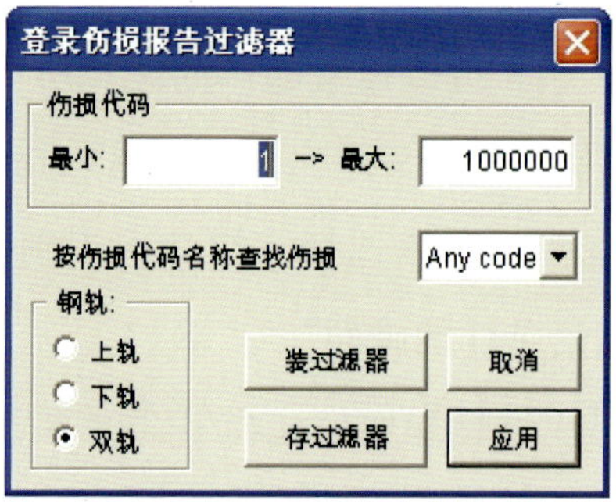

图 3-82　设置伤损编号范围

②数据播放方向。

在“播放控制”按钮中，箭头按钮可以控制数据是向前还是向后播放，如图3-83所示为播放控制按钮，注意黄色箭头为向前播放图标。

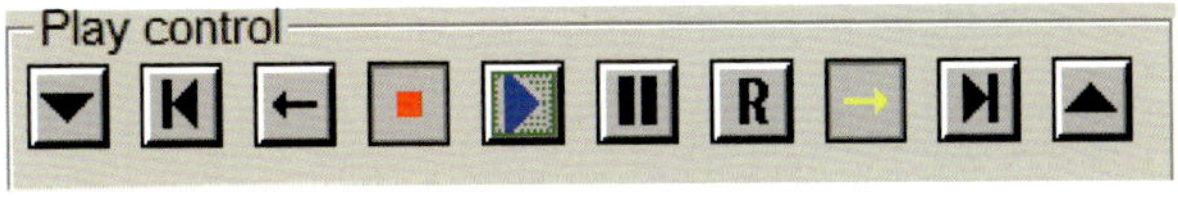

图 3-83 播放控制按钮

数据播放方向也可以通过快捷键“Ctrl+左箭头”或“Ctrl右箭头”来设置。

（4）双通道同步播放检测数据

①装载检测数据到通道1。

按照装载检测数据的操作流程，装载检测数据到通道1。

设置回放模式和过滤器。

②装载检测数据到通道2。

通过单击或者播放器菜单中的“下一回放通道”选项来选择通道2，此按钮即变为。

通过单击或播放器菜单中的“选择装入播放数据”选项来打开转换检测数据列表。

单击三次要装入通道2的检测数据，此时此条检测数据前面的复选框中显示为“2”。

单击“OK”按钮确认装载，此时检测数据装入线路2，同时显示另外一个弹出窗口。

将第二个弹出窗口放置在合适的位置，并根据显示器调整窗口大小。

③粗略同步2个检测数据。

激活通道1，播放到一个特征明显的位置，例如岔区。

激活通道2，播放到与线路1相同的位置。

④精确调整同步位置。

如果2个检测数据的检测方向相同，单击播放器中的“回放通道”按钮，直到变成，单击方向按钮变成2个绿色箭头图标。

如果2个检测数据的检测方向不同（比如通道1为前向检测，通道2为后向检测），单击通道按钮激活通道2，然后单击方向按钮直到箭头变成红色，单击“回放通道”按钮变成。

单击同步按钮，弹出如图3-84所示对话框。

单击箭头按钮，精确调整通道2数据画面，使得与通道1完全对齐。

单击播放按钮或者按“↑”键开始进行双通道同步播放。

（5）伤损记录

FrontDB中集成了铁路伤损代码，在播放检测数据之前，需要设置伤损代码，检查分析员姓名和伤损文件格式。在主窗口中的“设置”菜单中选择“伤损代码”，显示如图3-85所示对话框。

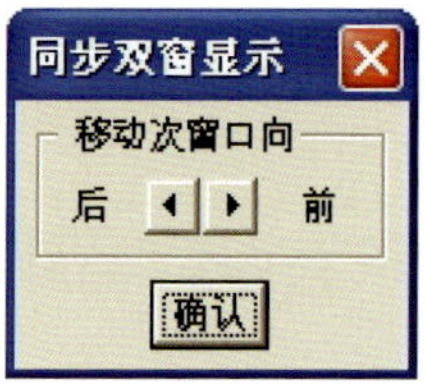

图 3-84　同步双窗口显示对话框

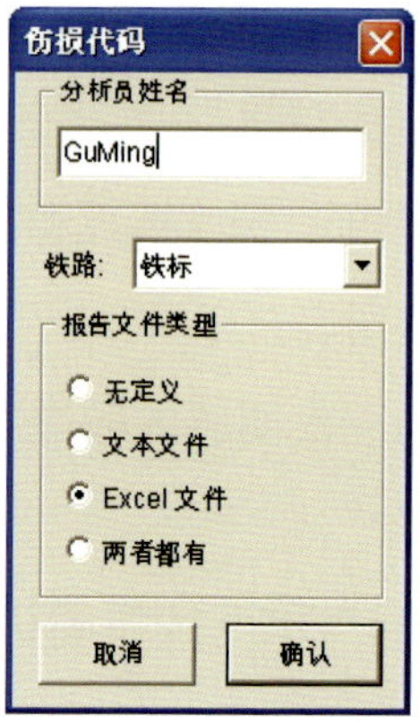

图 3-85　伤损代码设置对话框

当弹出窗口中包含疑似伤损时，按“Alt+D”组合键或者在“播放器”菜单中选择“伤损登录”选项。伤损记录对话框显示如图3-86所示。

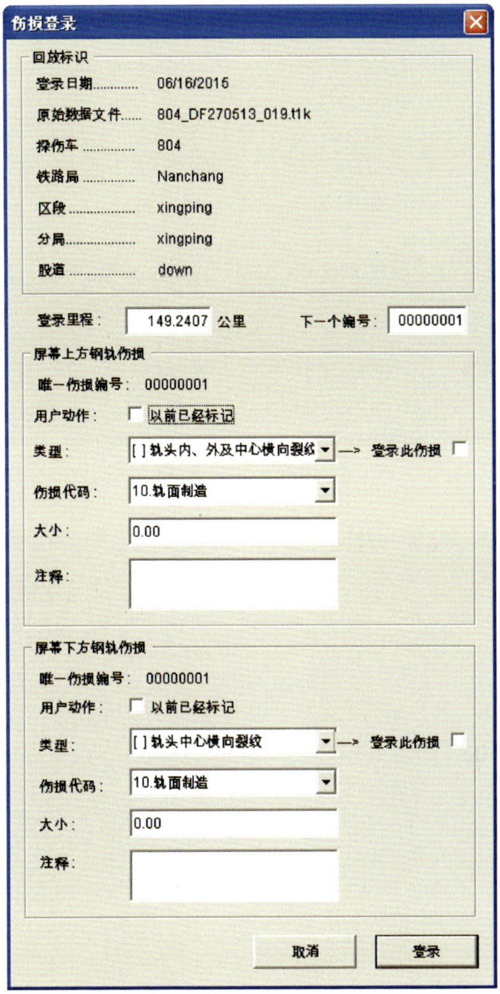

图 3-86　伤损记录对话框

3.6　典型钢轨伤损报警实例分析

3.6.1　轨头横向裂纹

钢轨轨头区域（二次波体现在轨腰区域）出现如下类似反射图形（图3-87～图3-89）时，可判定为轨头核伤伤损报警；对应伤损实物照片如图3-90～图3-92所示。

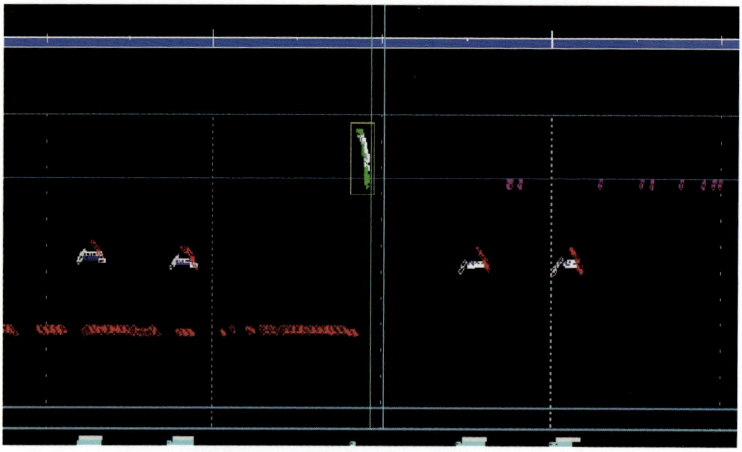

图 3-87　轨头核伤 B 型图（一）

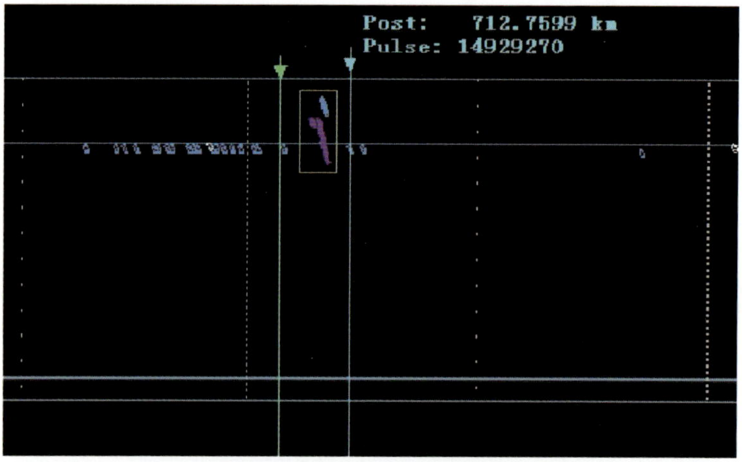

图 3-88　轨头核伤 B 型图（二）

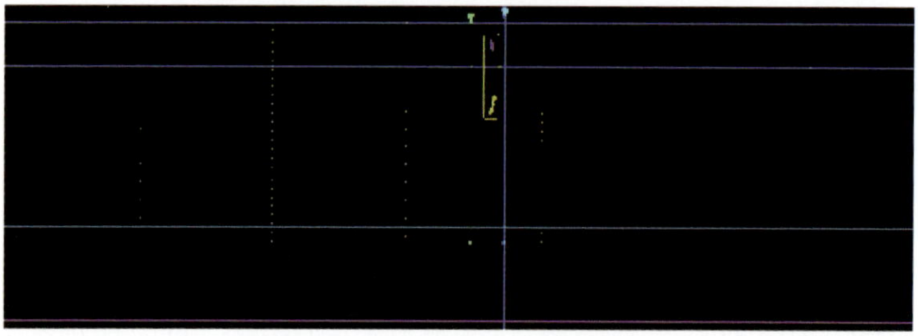

图 3-89　轨头核伤 B 型图（三）

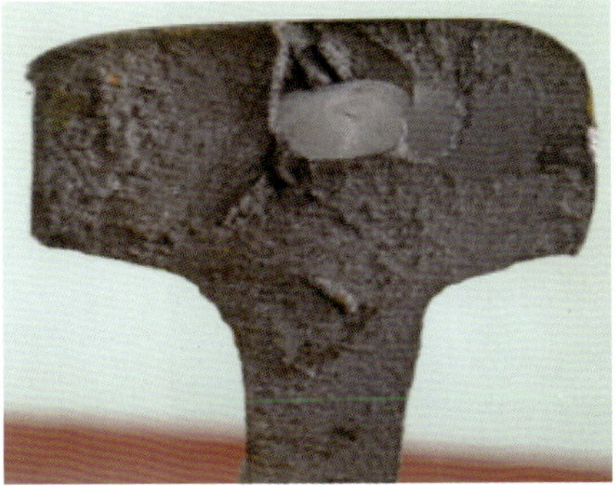

图 3-90　轨头核伤实物图（一）

图 3-91　轨头核伤实物图（二）

图 3-92　轨头核伤实物图（三）

B型图出波特征：轨头横向裂纹出波通常以70° 连续出波为主，出波构成一定走势，走势符合70° 通道方向（或接近竖直）；考虑伤损大小，可以为单个70° 或者多个70° ，一般不存在0° 底波消失，当伤损较大时，可伴有一定0° 底波消失；直70° 出波一般集中在轨头区域；偏斜70° 出波分为一次波和二次波，一次波集中在轨头、二次波显示在轨腰区域。

3.6.2　轨头轨腰纵向水平裂纹

钢轨轨头、轨腰区域出现如下类似反射图形（图3-93～图3-95）时，可判定为轨头轨腰纵向水平裂纹伤损报警；对应伤损实物照片如图3-96所示。

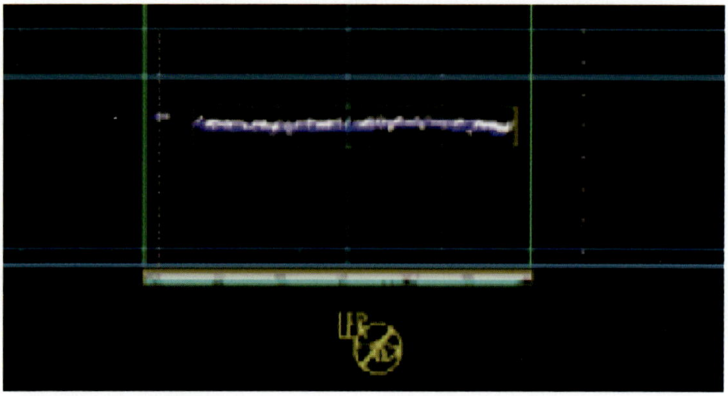

图 3-93　轨腰水平裂纹 B 型图（一）

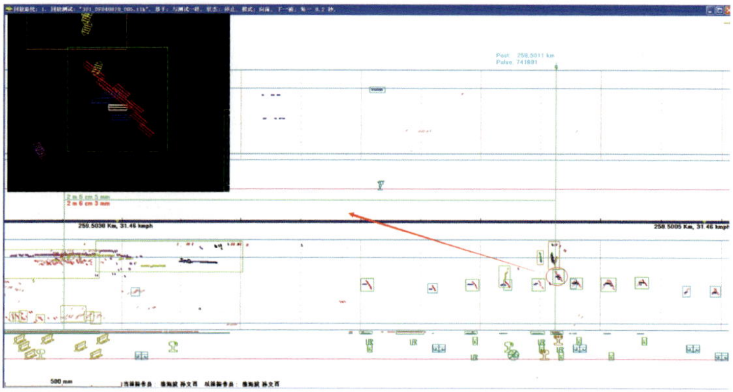

图 3-94　轨腰水平裂纹 B 型图（二）

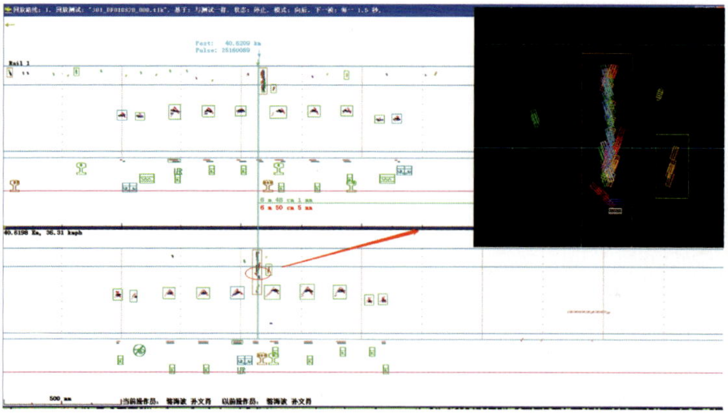

图 3-95　轨腰水平裂纹 B 型图（三）

图 3-96 轨腰水平裂纹实物图（四）

B型图出波特征：轨头轨腰纵向水平裂纹通常以0° 在轨腰区域连续出波，会伴有0° 底波消失，考虑到伤损可能的取向，还会伴有37° 出波；位于轨端的轨腰水平裂纹，以0° 出波和37° 出波配合为主，有1个方向37° 出波，并且和0° 存在部分交叉。

3.6.3 螺孔裂纹

当B型图中出现下列类似反射图形（图3-97～图3-100）时，可判定为螺孔裂纹伤损报警，按照裂纹方向可分为上裂、下裂、水平裂纹以及3种方向之间组合等；对应伤损实物照片如图3-101～图3-104所示。

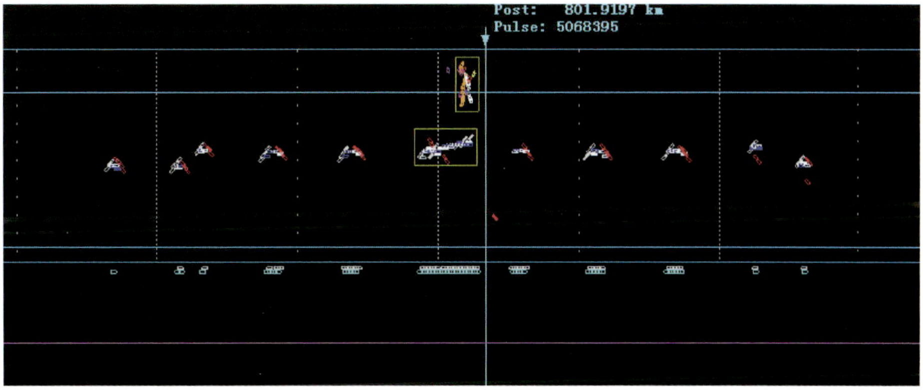

图 3-97 螺孔上裂 B 型图

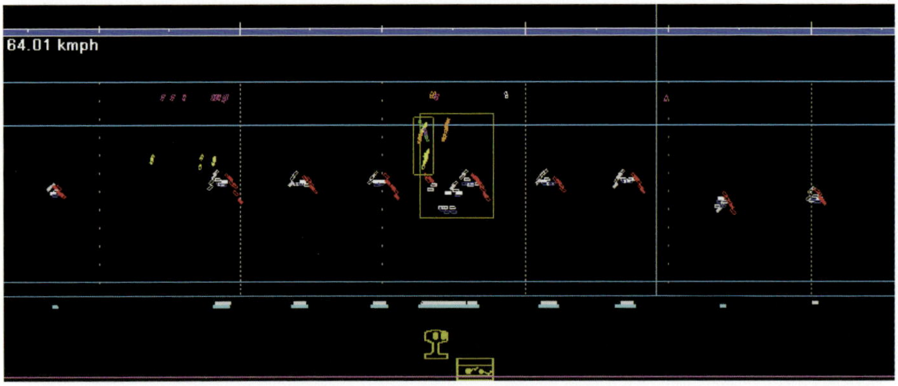

图 3-98　螺孔水平裂纹 B 型图

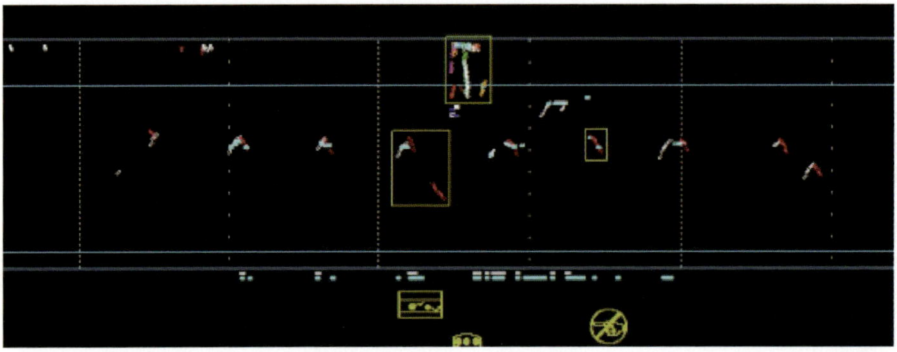

图 3-99　螺孔下裂 B 型图

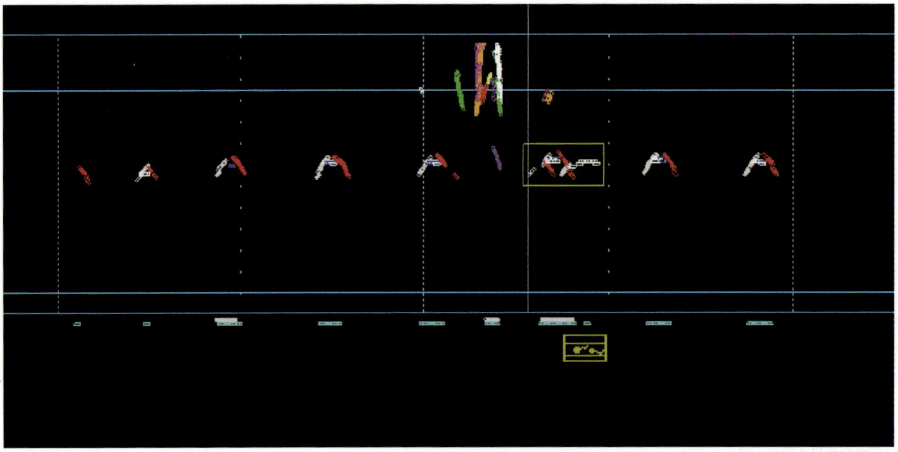

图 3-100　螺孔上裂和水平裂纹 B 显图

图 3-101 螺孔上裂

图 3-102 螺孔水平裂纹

图 3-103 螺孔下裂

图 3-104 螺孔上裂和水平裂纹

B型图出波特征：

（1）螺孔上裂。在正常螺孔A字形出波的基础上，增加37°通道出波点群，该点群点数不少于2个点，点群走势符合该通道方向定义（近似平行于该通道的螺孔出波方向），位于螺孔A字形上方，并和另一方向37°螺孔出波点群构成交叉。当出波点数增加时，会伴有0°底波消失长度增加。

（2）螺孔下裂。在正常螺孔A字形出波的基础上，增加37°通道出波点群，该点群点数不少于2个点，点群走势符合该通道方向定义（近似平行于该通道的螺孔出波方向），位于螺孔A字形下方，其走势延伸方向和另一方向37°螺孔出波点群构成交叉。

（3）螺孔水平裂纹。在正常螺孔A字形出波的基础上，增加0° 通道出波点群，该点群点数不少于2个点，点群走势符合该通道方向定义（近似平行于该通道的螺孔出波方向），出波点群位于螺孔A字形中0° 出波的侧下方。通常会伴有37° 通道的出波，伤损较大时会伴有0° 底波消失长度增加。

3.6.4　闪光焊/气压焊接头轨头和轨腰疲劳裂纹

当B型图中焊缝轨头区域出现如下类似反射图形时，如图3-105～图3-107所示，可判定为闪光焊/气压焊接头轨头和轨腰疲劳裂纹伤损报警；对应伤损实物照片如图3-108～图3-110所示。

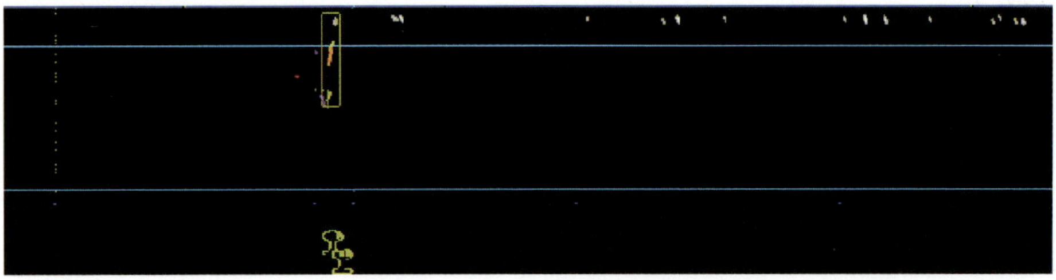

图 3-105　焊缝轨头区域伤损报警 B 型图

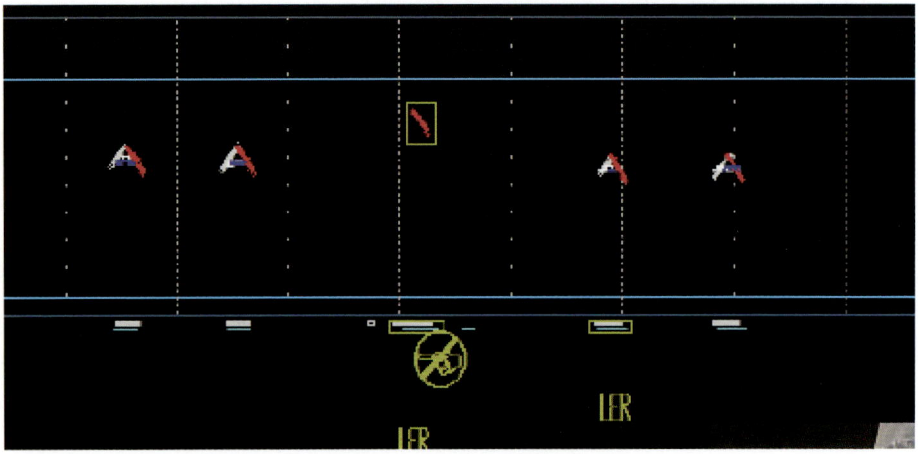

图 3-106　焊缝轨腰区域伤损报警 B 型图（一）

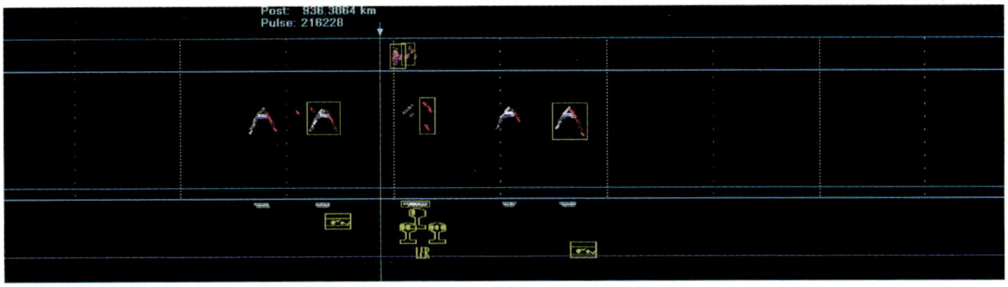

图 3-107 焊缝轨腰区域伤损报警 B 型图（二）

图 3-108 焊缝轨头区域伤损

图 3-109 焊缝轨腰区域伤损（一）

图 3-110 焊缝轨腰区域伤损（二）

B型图出波特征：在焊缝轨头轨腰区域，闪光焊/气压焊接头轨头和轨腰疲劳裂纹出波表现为正常焊缝出波的基础上增加70° 通道或37° 通道等出波；70° 通道或37° 通道出波构成明显走势；出波位置可处于焊筋波轮廓范围内、与焊筋波处轮廓交叉或处于焊筋波轮廓外。

3.6.5 轨腰斜裂纹

当B型图中出现类似反射图形时，如图3-111～图3-113所示，可判定为轨腰斜裂纹伤损报警。

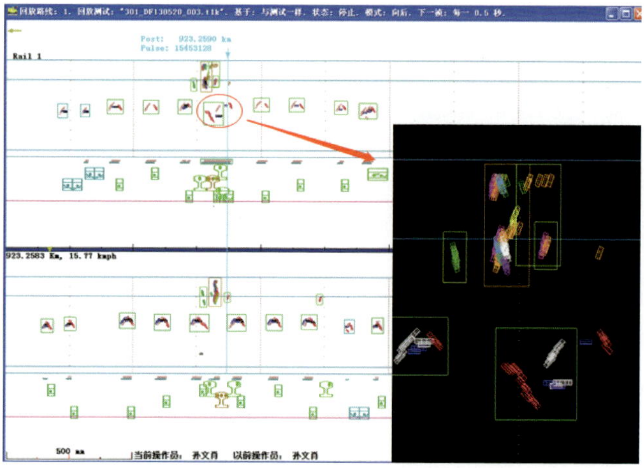

图 3-111 轨腰斜裂纹 B 型图（一）

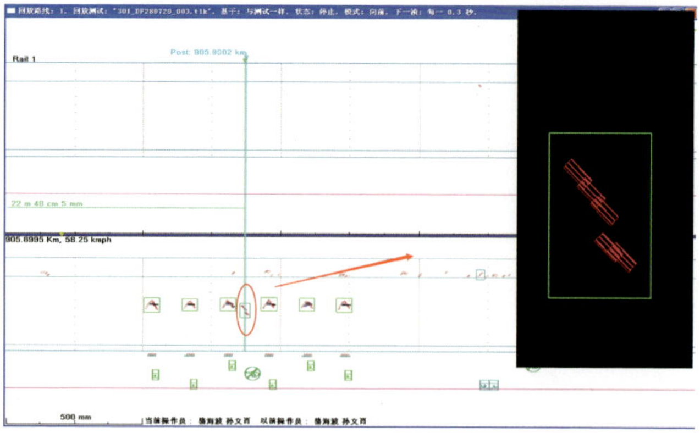

图 3-112 轨腰斜裂纹 B 型图（二）

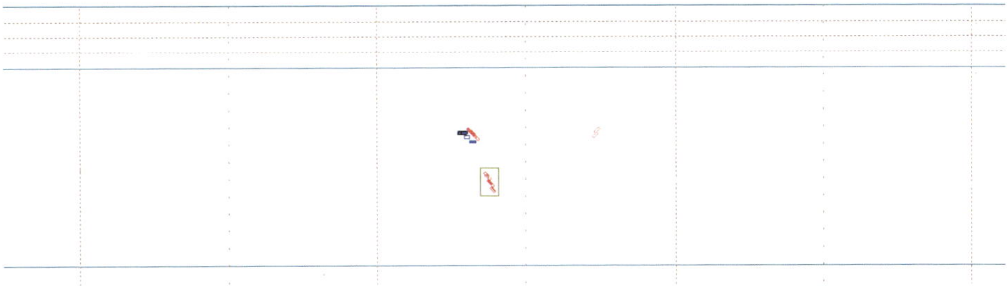

图 3-113　轨腰斜裂纹 B 型图（三）

B型图出波特征：通常以37° 在轨腰区域连续出波，出波走势符合37° 出波方向。根据轨腰斜裂纹大小和横向位置，可能会伴有0° 底波消失，考虑到伤损可能的取向，还会伴有0° 监视出波。

3.6.6　轨底横向裂纹

当B型图中出现类似反射图形时，如图3-114～图3-116所示，可判定为轨底横向裂纹伤损报警。

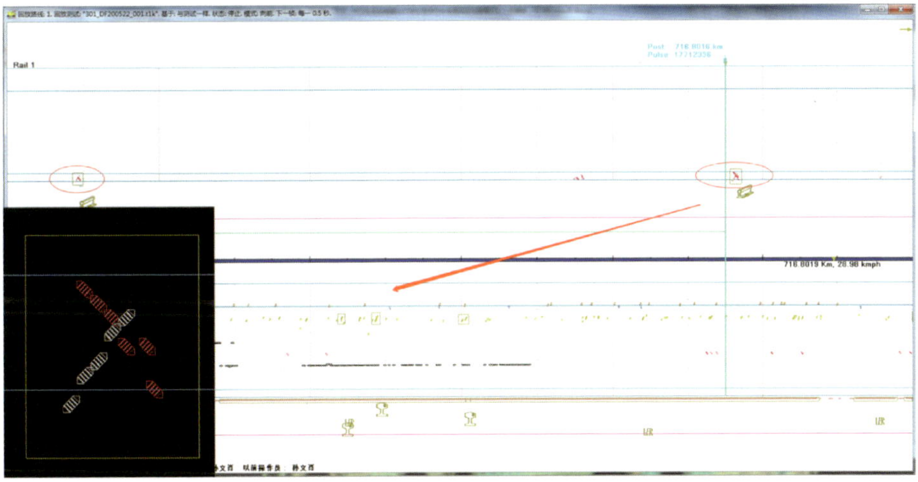

图 3-114　轨底横向裂纹 B 型图（一）

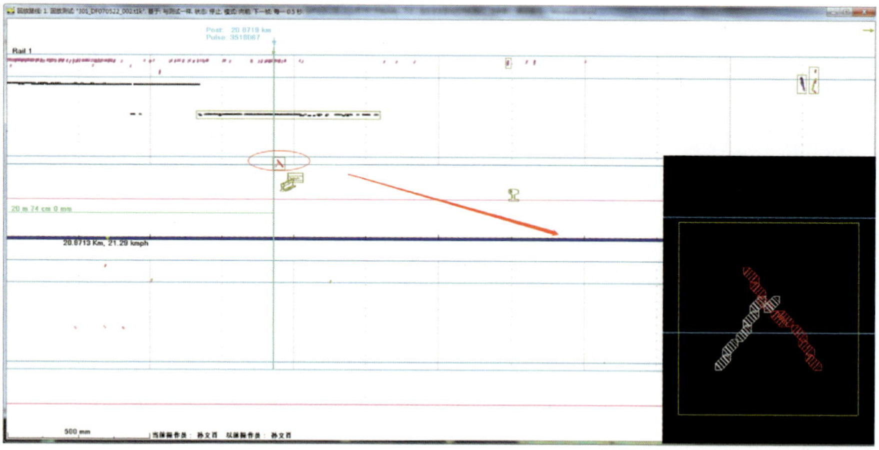

图 3-115　轨底横向裂纹 B 型图（二）

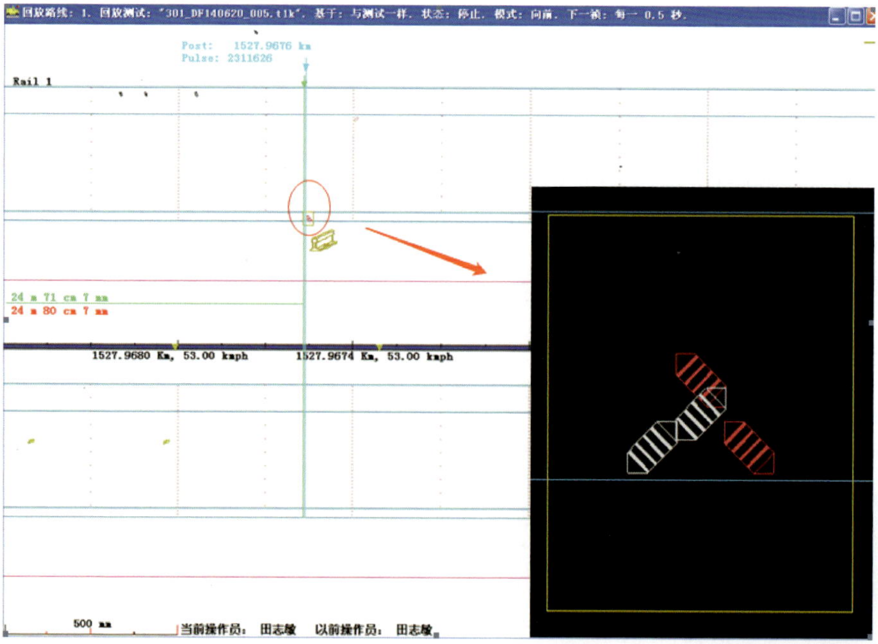

图 3-116　轨底横向裂纹 B 型图（三）

B型图出波特征：在轨底区域出现前后37° 轨底出波，出波走势符合37° 出波方向，前后37° 轨底出波构成一定交叉，交叉点位于轨底线上方。